BRAIN GAMES®

Miracles of
JESUS

Word Search Puzzles

Publications International, Ltd.

Let's get social!
⊙ @Publications_International
🅕 @PublicationsInternational
🅕 @BrainGames.TM
www.pilbooks.com

All the People Were Amazed

Brain Games® Miracles of Jesus Word Search Puzzles contains 70 puzzles inspired by the wondrous acts of Jesus. This book offers a relaxing opportunity to learn about Jesus through the many miracles he performed. Each puzzle presents Bible verses that allow you to revisit scripture while finding the words within the letter grids.

The puzzles follow the familiar format: every word listed is contained within the letter grid. Words in the list can be found in a straight line horizontally, vertically, or diagonally. Words may read either forward or backward.

Miracle of Christ's Birth

And the Word was made flesh, and dwelt among us, (and we beheld his glory, the glory as of the only begotten of the Father,) full of grace and truth.

—John 1:14

AMONG	FATHER	SAVIOR
BEGOTTEN	FLESH	SENT
BEHELD	GLORY	SON
BIRTH	GRACE	TRUTH
CHRIST	KING	WORD
DWELT	LORD	WORLD
EARTH	LOVE	

```
K G D D D L R O W L A E R D M I
T G K N T R I B E W C L N A L M
R A N U O M S W O A Y O W O K O
A K B O C S D R R O U V R M I B
E M O E M A L G H G T D D G N R
K A W O R A V O T T O G E B G L
G Y S E N T K H U Y F L E S O F
L C K G T L S L R Y A C V G K F
C O H R S E O O T B E H E L D A
A V R R L G S R E I O R C O W T
R Y O F I G O G A R S I G R E H
G L S A V I O R R T O S Y Y L C
G H K T N T S S T H Y T G E T D
W I U H T O A E H E L I D V R B
N R S E C V M I S B E H E O S D
T B N R I W M A M H S U W L C O
```

Answers on page 144.

Unto Us a Child Is Born

> For unto us a child is born, unto us a son is given: and the government shall be upon his shoulder: and his name shall be called Wonderful, Counsellor, The mighty God, The everlasting Father, The Prince of Peace.
>
> **—Isaiah 9:6**

BRICK

CEDARS

CHILD IS BORN

COUNSELLOR

DARKNESS

GOVERNMENT

GREAT LIGHT

JOY

KINGDOM

MIGHTY GOD

PEOPLE

PRINCE OF PEACE

SHOULDER

SON IS GIVEN

STONE

SYCAMORES

THRONE

UNTO

US

WALKED

WONDERFUL

YOKE

```
N R O B S I D L I H C K J H
T H G I L T A E R G K I T E
T W X S F G B O A C A N N C
B O D R P E H U I Y E G E A
Y N S A U S N R O M C D V E
M D H D B T B K N O S O I P
I E O E O H E R U D Y M G F
G R U C L L E N E A C I S O
H F L K P V S K T R A A I E
T U D O O E L H Y K M Z N C
Y L E G L A R N Q N O G O N
G P R L W O J Q W E R I S I
O H O E N O T S D S E E F R
D R G E Y N J G J S S G A P
```

Answers on page 144.

The Incarnation of Jesus

The angel of the Lord appeared unto him in a dream, saying, "Joseph, thou son of David, fear not to take unto thee Mary thy wife: for that which is conceived in her is of the Holy Ghost. And she shall bring forth a son, and thou shalt call his name Jesus: for he shall save his people from their sins."

—Matthew 1:20–21

A JUST MAN	FULFILLED	RAISED
ANGEL	HOLY GHOST	SAVE HIS PEOPLE
APPEARED	HUSBAND	SINS
BIDDEN	INTERPRETED	SLEEP
BIRTH	JESUS CHRIST	SON OF DAVID
BRING FORTH	JOSEPH	SPOKEN
CALL	LORD	THOUGHT
CHILD	MINDED	THY WIFE
CONCEIVED	MOTHER MARY	TOGETHER
EMMANUEL	NAME	VIRGIN
ESPOUSED	PRIVILY	WIFE
FEAR NOT	PROPHET	WISE
FIRSTBORN SON	PUBLIC EXAMPLE	

```
W  T  R  P  U  B  L  I  C  E  X  A  M  P  L  E  N
Y  S  T  T  H  I  J  S  J  A  L  Z  V  H  D  L  U
L  O  R  D  U  G  N  E  I  O  L  U  H  T  E  L  P
M  H  E  C  S  T  V  T  S  N  S  L  D  R  S  E  M
O  G  L  H  B  H  L  E  E  U  S  E  Q  I  I  U  I
T  Y  P  T  A  Y  B  H  A  R  S  Q  P  B  A  N  N
H  L  O  R  N  W  T  P  T  J  P  C  A  H  R  A  D
E  O  E  O  D  I  W  O  F  H  U  R  H  N  A  M  E
R  H  P  F  U  F  Q  R  G  U  O  S  E  R  G  M  D
M  Y  S  G  E  E  I  P  E  E  L  U  T  T  I  E  K
A  Y  I  N  O  F  J  R  R  S  T  F  G  M  E  S  L
R  L  H  I  E  Q  I  D  S  S  P  H  I  H  A  D  T
Y  I  E  R  S  D  S  W  F  T  P  O  E  L  T  N  T
B  V  V  B  N  Y  D  L  T  F  B  O  U  R  L  D  T
W  I  A  G  C  I  O  I  E  V  X  O  K  S  O  E  B
I  R  S  H  I  B  G  A  B  E  V  T  R  E  E  W  D
S  P  I  R  X  E  R  R  C  W  P  E  W  N  N  D  U
E  L  W  C  O  N  C  E  I  V  E  D  N  W  S  W  L
D  M  J  N  O  C  T  D  I  V  A  D  F  O  N  O  S
I  J  K  T  A  P  P  E  A  R  E  D  W  L  J  M  N
```

Answers on page 144.

Miracle at Cana

When the ruler of the feast had tasted the water that was made wine, and knew not whence it was: (but the servants which drew the water knew;) the governor of the feast called the bridegroom, and saith unto him, "every man at the beginning doth set forth good wine; and when men have well drunk, then that which is worse: but thou hast kept the good wine until now."

This beginning of miracles did Jesus in Cana of Galilee, and manifested forth his glory; and his disciples believed on him.

—John 2:9–11

AMAZED	FILL	MIRACLE
CANA	GUESTS	SERVANT
CUP	HOST	TASTE
DISCIPLES	JESUS	WATER
DRINK	JUGS	WEDDING
FEAST	MARY	

```
C O F I L L M E F O W S L
L O W M E J E T S U E S S
A E N I W I S D A L D N D
E T S A T A I W P H D I L
L S E N E D M I Y O I A D
R O U F O U C A T S N N R
E G T O M S F S R T G A I
T U I S I E H G J Y F C N
A E O D R R R U P E E O K
W S P L A V E J Y A S I N
F T W B C A M A Z E D U I
C S C B L N Z P U C O P S
H O I M E T Q M T L B F X
```

Answers on page 144.

The Woman at the Well

And upon this came his disciples, and marvelled that he talked with the woman: yet no man said, "What seekest thou?" or, "Why talkest thou with her?" The woman then left her waterpot, and went her way into the city, and saith to the men, "Come, see a man, which told me all things that ever I did: is not this the Christ?"

—John 4:27–29

CHRIST	LIFE	SOWETH
EAT	MOUNTAIN	SPIRIT
HARVEST	PROPHET	SYCHAR
HUSBANDS	REAPETH	THIRST
JACOB'S WELL	SALVATION	TRUTH
LABOURS	SAMARIA	WATER

```
O N H L Z T M O F K T C E R
N R I T S D N A B S U H U L
O E V A U T E H P O R P L J
I T Y G T R J E A T S E O C
T A F N N N T J T G W B H Q
A W X H H P U N T S X R J T
V B F A L A L O B S I W I X
L N V G I I R O M S R R V R
A B E Q F R C V T C I I E T
S H A E D A A W E P F A H C
H Q P E J X B M S S P C U T
H T E W O S V C A E T I V U
M L A B O U R S T S Z H H P
E D P L E S B H S Y C H A R
```

Answers on page 145.

Go Thy Way

Behold, there came a leper and worshipped him, saying, "Lord, if thou wilt, thou canst make me clean." And Jesus put forth his hand, and touched him, saying, "I will; be thou clean." And immediately his leprosy was cleansed.

—Matthew 8:2–3

BEHOLD	IF THOU WILT	MULTITUDES
BELIEVE	IMMEDIATELY	SICKNESS
BE THOU CLEAN	I WILL	TELL NO MAN
CLEANSED	LEPER	TESTIMONY
GO THY WAY	LEPROSY	TOUCHED
HAND	MOUNTAIN	WORSHIPPED

```
O Y U N L L O I O N C S T K B B
H N N E I M E D R A L E L W E E
E C P O I A E P P E E D I L L L
B E U T M S T E E L A U W C I I
R T S O N I U N L C N T U U E E
C E D A N B T R U U S I O O I V
T D E P P I H S R O W T H H M E
F L A T N U O M E H M L T T M K
C N A M O N L L E T F U F E E M
G L Y L E T A I D E M M I B D U
O E H A N D A V S B D C W D I L
T P I A U S I C K N E S S L A T
H R W Y A W Y H T O G H D O T I
Y O I A W O R S H I P P G H D W
W S L L I W I N M T N L L E T U
E Y P D E H C U O T H A N B R D
```

Answers on page 145.

Issue of Blood

Behold, a woman, which was diseased with an issue of blood twelve years, came behind him, and touched the hem of his garment: for she said within herself, If I may but touch his garment, I shall be whole. But Jesus turned him about, and when he saw her, he said, "Daughter, be of good comfort; thy faith hath made thee whole." And the woman was made whole from that hour.

—Matthew 9:20–22

BEHIND	DISEASED	ISSUE
BEHOLD	FAITH	SICKNESS
BELIEF	GARMENT	TOUCH
BLOOD	GOOD	TURNED
COMFORT	HEALING	TWELVE YEARS
CROWD	HEM	WHOLE
DAUGHTER	HOUR	WOMAN

```
F A I T W S E E M E N K C I S N
W A M O W L M B E L I H T I A F
A G M M O R U U H G T O U C H H
W A D H A D I S E A S I L A E H
N C W G D W H O L G B L O O D B
G B B S I C K N E S S F C K E N
D O L T R O F M O C Y B B H R R
G L O T D A U G H T E R I U K U
T C O D I R E F A E O G O U W T
H R C H S C B Y E R A H V S W W
G O T H E C O E E I M L R S G E
U W F E A B F S H V L E I I O L
A D C U S C M T H O L E N N T V
D G U S E C O D N I H E B T G E
T O O S D U C E W O R C W S M Y
E O H I C R U O D E N R U T U E
```

Answers on page 145.

Through the Roof

And when they could not find by what way they might bring him in because of the multitude, they went upon the housetop, and let him down through the tiling with his couch into the midst before Jesus.

And when he saw their faith, he said unto him, "Man, thy sins are forgiven thee."

—Luke 5:19–20

CARRIED	HOLE	PARALYZED
CLIMBED	HOUSE	ROOF
CROWDED	JESUS	SINS
DOWN	LEGS	STAND
FAITH	LOWERED	TEACHING
FORGIVEN	MAN	WALK
FRIENDS	MAT	
HEALED	MIRACLE	

```
G R K B S T F S T A N D K
E L O H N R W R L J M L L
T E A C H I N G I N A L A
G I J G H O U S E E N N W
F C L I M B E D L S N I S
O A R J C C X Y C P C D S
R R I O E M H I A T U G S
G R B T W S A S R S E L D
I I R K H D U T I L E E M
V E E K P Y E S M T L H F
E D O W N H G D S A T O Z
N P A R A L Y Z E D O Q Z
L O W E R E D H F R W X S
```

Answers on page 145.

There Was a Great Calm

And when he was entered into a ship, his disciples followed him. And behold, there arose a great tempest in the sea, insomuch that the ship was covered with the waves: but he was asleep. And his disciples came to him, and awoke him, saying, "Lord, save us: we perish."

And he said unto them, "Why are ye fearful, O ye of little faith?" Then he arose, and rebuked the winds and the sea, and there was a great calm.

—Matthew 8:23–26

AROSE	FEARFUL	SAVE
ASLEEP	FOLLOW	SAVED
AWOKE	HELP	SEA
BEHOLD	JESUS	SHIP
CALM	LITTLE	TEMPEST
COVERED	LORD	TRUST
DISCIPLES	MIRACLE	WAVES
ENTERED	PERISH	WINDS
FAITH	REBUKED	

```
Y O L F Q G U C P L E H J T D K
V D I X U O J A W O K E E U Z C
A V T A E L C A R I M M H P A T
Z A T O E C W I O Q P C B L R G
F O L L O W O Q M E D E M U D D
Q U E S P I V V S D H Y S O E Y
P F Y U E I F T E O K T R R V N
S S E S E N Z V L R F M E S K O
Z E C E L L A D Y E E T B E H Y
B A L J S S U I D V N D U V M E
E O A P A P O W L E S W K A A V
A S P M I F E A R F U L E W D W
Z M O I P C G O C L O R D N E I
P Z F R H W S I H S I R E P H N
D Y N H A S N I E V A S V Y D D
Q J W H T I A F D E F W L Y C S
```

Answers on page 146.

The Centurion's Servant

> And Jesus said unto the centurion, "Go thy way; and as thou hast believed, so be it done unto thee." And his servant was healed in the selfsame hour.
>
> **—Matthew 8:13**

ABRAHAM

AUTHORITY

BELIEF

BESEECHING

CAPERNAUM

CENTURION

EAST

FAITH

GO THY WAY

HEAL

ISAAC

ISRAEL

JACOB

KINGDOM

MARVELLED

PALSY

PARALYZED

ROOF

SERVANT

SOLDIERS

TORMENTED

VERILY

WEST

WORD

WORTHY

```
F J L Z Y L A R A P P V T S A E
A I C S D E L L E V R A M E A A
I C L O T O R M E N T U L A S N
T A C D E T N E M R O T K D I R
P A R S I B E S E E C H I N G E
J S S C M A H A R B A O N H O P
B I D E Z Y L A R A P R G A T A
E I H N R J I R E V E I D U H C
L W A T L V A L W O R T O T Y Y
I O R U A L A C E S N Y M H W L
E R B R E V E N O B A J J O A I
F D A I H J R V T B U D R R Y R
I W S O L D I E R S M T F I W E
A E H N T S E W S A H Z R O O V
D S I S R A E L N Y M N C W O R
B E U E E C H I B G F A I T H R
```

Answers on page 146.

Go Unto Thine House

And behold, they brought to him a man sick of the palsy, lying on a bed: and Jesus seeing their faith said unto the sick of the palsy; "Son, be of good cheer; thy sins be forgiven thee."

And behold, certain of the scribes said within themselves, "This man blasphemeth."

And Jesus, knowing their thoughts, said, "Wherefore think ye evil in your hearts? For whether is easier, to say, 'Thy sins be forgiven thee;' or to say, 'Arise, and walk'? But that ye may know that the Son of man hath power on earth to forgive sins," (then saith he to the sick of the palsy,) "Arise, take up thy bed, and go unto thine house." And he arose, and departed to his house.

—Matthew 9:2–7

ARISE	EVIL	HELP
BEHOLD	FAITH	HOUSE
BLASPHEMETH	FORGIVEN	JESUS
DEPARTED	GOOD CHEER	LYING
EARTH	HEALING	MIRACLE
EASIER	HEARTS	PALSY

POWER   SEEING   SON OF MAN

PRAYER   SICK   WALK

SCRIBES   SINS

Y G H E K E V I L K W J E S Y K

D W E S S L L H T R A E E H I G

B H A I B Y A H E A R T S E S R

E S L R L E U W I N X O R N U E

H I I A A S E B I R C S A A S I

O C N D S F R T S F R M E Q E S

L K G E P U O I R W F E T Y J A

D I T T H G L M N O N U Y P C E

M B J R E D O T N E L W T A N K

E B Q A M U J O H E V H A H R G

H P B P E G S E D A I I T X N P

Y O H E T T L X N C U G G I F S

P S U D H P S N I S H P E R A J

Z S L S P M I R A C L E H B O F

A D F A E R E W O P S J E P G F

O Y D B P I F G N I Y L K R A W

Answers on page 146.

The Gentile Woman's Daughter

The woman was a Greek, a Syrophenician by nation; and she besought him that he would cast forth the devil out of her daughter. But Jesus said unto her, "Let the children first be filled: for it is not meet to take the children's bread, and to cast it unto the dogs." And she answered and said unto him, "Yes, Lord: yet the dogs under the table eat of the children's crumbs." And he said unto her, "For this saying go thy way; the devil is gone out of thy daughter."

—Mark 7:26–29

ANSWERED	DAUGHTER	NATION
BED	DEVIL	SYROPHENICIAN
BESOUGHT	DOGS	TABLE
BREAD	FELL	UNCLEAN
CAST	GONE OUT	UNDER
CHILDREN	GREEK	YES LORD
CRUMBS	HOUSE	

```
G S R E W S N A I O V A E R B K
C R Y M K L D G T D K R C F E C
C A E B R E A D A E D E R E B U
I A S E O L E B N V D D U L N Y
N Y Y E S L O R D I Y N B C T E
E D R R R E O O G L C U L H L C
H L O K G F D T S A C E O B D H
P D P V D E V I V R C U A O N I
O C H I L D R E N E S T G M O L
R B E S O U G H T T H S B E D D
Y U N A T I O N G H O U S E N R
S L I W T A B L O G O N E O U T
A U C R U M B S I U N C L E A N
F N I B E S O U G A P S A S C L
I D A N S W E R E D T H G U A D
E E N O L S E Y G G O N E O K D
```

Answers on page 146.

Jesus Feeds Thousands

He commanded the multitude to sit down on the grass, and took the five loaves, and the two fishes, and looking up to heaven, he blessed, and brake, and gave the loaves to his disciples, and the disciples to the multitude.

And they did all eat, and were filled: and they took up of the fragments that remained twelve baskets full. And they that had eaten were about five thousand men, beside women and children.

—Matthew 14:19–21

BASKETS	EXTRA	MULTIPLY
BOAT	FEED	MULTITUDES
BOY	FISH	PEOPLE
BREAD	FIVE	TEACHING
CROWD	HUNGRY	THOUSANDS
DISCIPLES	JESUS	TWO
EAT	LOAVES	
ENOUGH	MIRACLE	

```
M S E L P I C S I D F E W
U L C G N I H C A E T V M
L M C E X A X E Z K Z O M
T P Y N Y C R O W D E Z I
I P K O L B O A T F L Y R
T A G U P A O O R I P R A
U R T G I S Y Y M V O G C
D T U H T K C Y T E E N L
E X P L L E D P G D P U E
S E F V U T F F I S H H T
D E E F M S T W O K M W C
L M L O A V E S S U S E J
S D N A S U O H T E A T W
```

Answers on page 147.

Ten Lepers

It came to pass, as he went to Jerusalem, that he passed through the midst of Samaria and Galilee. And as he entered into a certain village, there met him ten men that were lepers, which stood afar off: And they lifted up their voices, and said, "Jesus, Master, have mercy on us." And when he saw them, he said unto them, "Go shew yourselves unto the priests." And it came to pass, that, as they went, they were cleansed.

—Luke 17:11–14

AFAR

CLEANSED

DISEASE

GALILEE

HEALED

JERUSALEM

LEPERS

LIFTED

MASTER

MEN

MERCY

PRIESTS

SAMARIA

SICKNESS

STOOD

TEN

VILLAGE

VOICES

```
I V I L L A M L E P E K S T O O
U H A E A E Y T O Y H I C K N E
N D L F R S P P D I S E A S L N
L E O C A E R E T S A M H U N E
I L Y O L R I I K O E R K Y Y M
L A N S E J E F H L I F T E D G
A E Y T P N S G A L I L E E Y O
G H N O E P O S I C K N E S S R
O E R O R P U A L L C A E J O M
T T A D S R U M A E S L E I J E
O F M E E I P A F A C R E M G R
E I A J M E R R H N U F H A A C
T L S F G S D I A S P E L S N N
Y P I A A T U A A E U L A T I S
L V O I C S M L G D I S E A S E
K S E C I O V E V V P U H P I O
```

Answers on page 147.

They That Hear Shall Live

"Verily, verily, I say unto you, He that heareth my word, and believeth on him that sent me, hath everlasting life, and shall not come into condemnation; but is passed from death unto life.

"Verily, verily, I say unto you, The hour is coming, and now is, when the dead shall hear the voice of the Son of God: and they that hear shall live."

—John 5:24–25

ANGELS	HEAVEN	READINESS
BELIEVERS	HONORABLE	RISING
COMFORT	HOUR	SON OF GOD
COMMITMENT	JUDGEMENT	VERILY
CONDEMNATION	LISTENING	VOICE
DEATH	LIVING	WAITING
EVERLASTING	MIRACLE	WORD
HEARETH	PASSED	
HEARING	RAISE UP	

```
D K A V O I C E W A I T I N G G
B D I B T D F O O G N I V I L X
E D T Y K D S I M H N Y V Y J E
E O C R E W W S J M G I L I L N
R G E A V U H P E N I I S B I I
W F L I E G T C I N R T A I D T
P O C S R Z N N O E I R M H R E
L N A E L H E I V M O D E E N B
A O R U A T M Q R N F A A R N W
N S I P S H E W O A V O J E O T
G D M I T R G H I E E T R R R D
E K L C I X D Q N U H H D T Q N
L N M D N Q U C P A S S E D E R
S B E Z G T J B H T E R A E H U
F B E L I E V E R S W U T A G O
C O N D E M N A T I O N H R J H
```

Answers on page 147.

They Saw Great Light

The people which sat in darkness saw great light; and to them which sat in the region and shadow of death a light is sprung up.

From that time Jesus began to preach, and to say, "Repent: for the kingdom of heaven is at hand."

—Matthew 4:16–17

BRIGHT	HEAVEN	PREACH
CAPERNAUM	JESUS	PROPHETS
COMING	JORDAN	REGION
DARKNESS	KINGDOM	REPENT
DEATH	LIGHT	SHADOW
GALILEE	LISTEN	SPRUNG
GENTILES	NAZARETH	TEACHING
GREAT	NEPHTHALIM	WORD
HAND	PEOPLE	ZABULON

```
A T T T H C B C T T N D N I M F
Z D A C N H D E N S H E N G B U
S V C E D E A E T R V G T A V Y
G I M W R C P E A A I J I S H J
N Y B I H G H E E T E I Q R I C
I Z F I L P G H R S H E U T B L
M J N H O A M M U A N R E P A C
O G P R T P H S A Q W O D A H S
C S P R P E G T D A R K N E S S
M F A T E O R N H Z A O A Q I R
O Y U H O A E A U P A I P G M E
D E X G P B C R Z R E B U B D G
G A L I L E E H Q A P N U V O I
N X U L E W O R D A N S I L J O
I Y H X S N A D R O J U N H O N
K J A X A S E L I T N E G J P N
```

35   Answers on page 147.

Two Blind Men

Two blind men followed him, crying, and saying, "Thou son of David, have mercy on us." And when he was come into the house, the blind men came to him: and Jesus saith unto them, "Believe ye that I am able to do this?" They said unto him, "Yea, Lord." Then touched he their eyes, saying, "According to your faith be it unto you." And their eyes were opened.

—Matthew 9:27–30

ABROAD

BELIEVE

BLIND

CHARGED

COUNTRY

CRYING

DEPARTED

EYES

FAITH

FAME

FOLLOWED

HEALED

HOUSE

LORD

MERCY

OPENED

SON OF DAVID

STRAITLY

THENCE

TOUCHED

TWO MEN

YEA LORD

```
A H D M S G R A H C Y H T I A F
Y M E F D S T R A I T F N E P O
S E N A B I V A D F O N O S Y S
T I E L L Y V D R O L A E Y V E
N L P O I C H A R G E D F L Y E
U E O R N E P B D E P A R T E D
O B H D A D S R M F C L T I A F
C E M L E E R O O O O B O A L Y
T C E M Y V D A W L U N T R O M
H D R E W H E D T L N S O T C A
E F C Y P O P I N O T Y U S R B
N B A A I H L E L W R H C N Y R
C D R M O N H L T E Y O H R I O
E T M U E T G H O D B U E I E R
D A S T W O M E N F D S D H W M
F E O T O U C H V B L I N D S F
```

Answers on page 148.

Arise

Now when he came nigh to the gate of the city, behold, there was a dead man carried out, the only son of his mother, and she was a widow: and much people of the city was with her. And when the Lord saw her, he had compassion on her, and said unto her, "Weep not." And he came and touched the bier: and they that bare him stood still. And he said, "Young man, I say unto thee, Arise." And he that was dead sat up, and began to speak. And he delivered him to his mother.

—Luke 7:12–15

ARISE	DISCIPLES	REGION
BIER	FEAR	RUMOUR
CARRIED	GATE	SAT UP
CITY	JUDAEA	SON
COMPASSION	LORD	SPEAK
CROWD	MOTHER	TOUCH
DEAD	NAIN	WEEP NOT
DELIVERED	PROPHET	WIDOW

```
T O U C B D D T F E A D S A T U
H H D H G J A U O D E L I V E R
E B C I D G E V J R E G I O N O
S C D U S W D H E U S E B G W M
I L A D O C O V T M D P T O E U
R N R R F T I R N O V A D A Y R
A O N U R L P P C U R I E D G C
L P S O E I V K L R W S D A I I
M N I D I S C I P L E S P T R S
S A R P O S B W W E E P N E O A
V I A R O R S I I P P N H N A A
S N D O Y S A A K D N T C F C P
I A S P E A K E P R O P H E T M
H A T H P D E A F M T J U D A O
C D N U T E B I E R O L O R S C
Y T I C P D E I R R A C W O R C
```

Answers on page 148.

Who Is Jesus?

For God so loved the world, that he gave his only begotten Son, that whosoever believeth in him should not perish, but have everlasting life. For God sent not his Son into the world to condemn the world; but that the world through him might be saved.

—John 3:16–17

BREAD OF LIFE

CHRIST

DOOR OF THE SHEEP

EMMANUEL

GOOD SHEPHERD

KING OF KINGS

LAMB OF GOD

LIFE

LIGHT OF THE WORLD

LOGOS

LORD

MASTER

RABBI

RESURRECTION

SON OF DAVID

SON OF GOD

SON OF MAN

THE WORD

TRUE VINE

TRUTH

WAY

T Y I B B A R Y P G N O G B D
D R O W E H T Q E R K O C L Q
B I L S G B K H E C O X R S H
R S V Y O K E N H D S O Y G X
E J C A R G I F S D W T M N E
A B C S D V O H E E H S S I M
D R O L E F E L H L T I O K M
O Q U U J P O T T I U R N F A
F U R Y H M F N F F R H O O N
L T A E A O G S O E T C F G U
I W R S T H Q V R S A G G N E
F D T H N A M F O N O S O I L
E E G C L A M B O F G O D K U
R I J Z L D T P D Q I U V S J
L O Z N O I T C E R R U S E R

Answers on page 148.

The Withered Hand

But he knew their thoughts, and said to the man which had the withered hand, "Rise up, and stand forth in the midst." And he arose and stood forth. Then said Jesus unto them, "I will ask you one thing; Is it lawful on the sabbath days to do good, or to do evil? to save life, or to destroy it?" And looking round about upon them all, he said unto the man, "Stretch forth thy hand." And he did so: and his hand was restored whole as the other.

—Luke 6:8–10

ACCUSATION

AGAINST

COMMUNED

DESTROY

EVIL

GOOD

HAND

HEALED

LAW

LIFE

MADNESS

PHARISEES

RESTORED

RIGHT

RISE UP

SABBATH

SAVE

SCRIBES

STAND FORTH

STRETCH

SYNAGOGUE

TAUGHT

WITHERED

```
R V N U M M O C U S P U E S I R E
E I O B A G O O A L H T A U G N S
S D H A D G H B D E S T R O Y O O
T E T H N M B C A E V I L Y P I I
O R R R E A P L T T N E A F G T
R O O N T A E I P E S U W I R A
D T F H F D L F G S R N M M W S
E S D S I S T E E W N T I M H U
R E N V Y E C E S A V E S A O C
E R A E V N S R R E Y A N D G C
H R T I S I A L I T I D I N O A
T T S P R I I G H B S P A E O P
I H H A R F R G O B E M G S D H
W O H G I R U A N G O S A S B A R
R P I B I A L A C C U S A T I N
W O L S T R R T S E D E T B M E
```

Forty Days in the Desert

"If thou be the Son of God, cast thyself down: for it is written, He shall give his angels charge concerning thee: and in their hands they shall bear thee up, lest at any time thou dash thy foot against a stone."

Jesus said unto him, "It is written again, Thou shalt not tempt the Lord thy God"

—Matthew 4:6–7

ALL KINGDOMS	GLORY	PROPHET
BREAD	GREAT LIGHT	REPENT
DARKNESS	HUNGRED	SEA COAST
DEVIL	IT IS WRITTEN	SICKNESS
DISEASE	LUNATICK	SON OF GOD
ESAIAS	MINISTERED	STONES
EXCEEDING	MOUNTAIN	TEMPTED
FISHERS	MOUTH OF GOD	TEMPTER
FOOT	NAZARETH	TORMENTS
FORTY DAYS	PALSY	WILDERNESS
FORTY NIGHTS	PRISON	WORSHIP
GALILEE	PROCEEDETH	

```
T H H F S A I A S E P A L A W S M
W O N S E A C O A S T T U L I R I
P R O C E E D E T H I E N L L E N
I A S F N I A T N U O M A K D H I
D A I G G L O R Y O I P T I E S S
D A R K N E S S K O C T I N R I T
V X P R O P H E T Z K E C G N F E
F O R T Y N I G H T S R K D E C R
I T I S W R I T T E N H W O S T E
G N A Z A R E T H S Y R E M S G D
R C S D N H D P N K S E K S L S Z
E X C E E D I N G E L J P I Y L E
A G T T W O R S H I P A T A W A S
T H D P D E V I L G L E D O C D A
L I W M S S V A U S J Y R S G E E
I C G E E P G C Y C T J L L V R S
G G T T N D G T O R M E N T S G I
H Z Z N O S O N O F G O D R K N D
T M O U T H O F G O D A E R B U E
I W M L S I C K N E S S K D U H W
```

Answers on page 149.

Rivers of Living Water

In the last day, that great day of the feast, Jesus stood and cried, saying, "If any man thirst, let him come unto me, and drink. He that believeth on me, as the scripture hath said, out of his belly shall flow rivers of living water."

—**John 7:37–38**

BELIEVETH

BELLY

COMFORT

CRIED

DRINK

ETERNAL

EVERLASTING

FEAST OF TABERNACLES

FLOWING

FORGIVENESS

GLORIFIED

GREAT

HEAVEN

JESUS

LIVING WATER

LOVE

MARVEL

MIRACLE

PROPHETS

RIVERS

SALVATION

SCRIPTURE

SPIRIT

TEMPLE

THIRST

F H T W V I U E S C R I P T U R E S
N E V H G K Q O A R S T T C Q E L Z
V N A R I M I M M A F K O A L A F L
H K E S V R J I L E L M P N G B L I
S A W G T V S V N H F W M R Q N Q R
T S G P Q O A T A O P E E W A I E K
X N S N R T F H R K T T F C N T J N
R L L E I O N T R T E J X V A S L I
E E P O N W P U A N I Y Y W N A S R
G V N D V E O H R B D R G R M L M D
L R D W E E V L E Q E N I J D R R V
O A G B L I A I F T I R P P O E I H
R M F C P Q R Q G V S T N K S V V P
I D M Y F J Z C I R R Y Z A S E E W
F H T E V E I L E B O S V S C O R A
I J R D H E A V E N S F V B M L S W
E Q G A C O J E S U S Y L L E B E W
D C S E K Y E L C A R I M O Y J H S

The Nobleman's Son

Jesus saith unto him, "Go thy way; thy son liveth." And the man believed the word that Jesus had spoken unto him, and he went his way.

—John 4:50

BELIEVE

BESOUGHT

CAPERNAUM

CHILD

CHRIST

DEATH

ERE

FATHER

FEVER

GALILEE

GO THY WAY

HEAL

JUDEA

LIVETH

NOBLEMAN

OFFICIAL

POWER

SERVANTS

SICKNESS

SIGNS

SON

SPOKE

TRUTH

WONDERS

WORD

```
A B E L I E C P N J E K O P S G
N H E T R U T H H P U C H R I A
R R S V W Y H T O G O D O V F L
A P E I E N D R O W R W E S E I
P O C H G I A G H E O E E A V L
A W S N T N L V V E D U J R E G
C E I A C A P E R N A U M M C O
S G C M H H F R B E S O U G H T
R U K E I M R E W S Y O N A E H
E O N L L E I E O H F O L A Y
D S E B D W I R S H R F S I L W
N E S O O E V H T T S I S L D A
O B S N L A A E C N P C P E E Y
W I D I N K V T G T O I O E A T
D E V T H I K I H D J A K N T C
E E S G L G S H T A F L T R U T
```

Answers on page 149.

Miracle of the Fishes

> He said unto Simon, "launch out into the deep, and let down your nets for a draught." And Simon answering said unto him, "Master, we have toiled all the night, and have taken nothing: nevertheless at thy word I will let down the net." And when they had this done, they inclosed a great multitude of fishes: and their net brake.
>
> —Luke 5:4–6

ASTONISHED	LAKE	SHIPS
DRAUGHT	LORD	SIMON
FISHERMEN	MULTITUDE	SONS
FISHES	NETS	TOILED
GENNESARET	PARTNERS	WORD
JAMES	PEOPLE	ZEBEDEE
JESUS	PETER	
JOHN	PRAYED	

```
                              L O R D S
                                X P R U
                                N E A N
  S S A               H F N E U
  W D K           T O I I T G E G W
  O E F       M J S P S R E J Q H M
  O R H D   U T H L A H A N E      T O
  L D S L P E O J P E P N S        J E L
  C Q T I S E J I L R I E U A G E S K
  C I R S N P O S L M N S S B D J N V
  X T E P   N O R P L E J A M E S O F
  U T I     I T A L N D R B G M I
  D E H     D S Y E M E R I Q
  E P S     A E Z T S
            W D A U
            S O N S
            L A K E X
```

Fishers of Men

> And Jesus, walking by the sea of Galilee, saw two brethren, Simon called Peter, and Andrew his brother, casting a net into the sea: for they were fishers. And he saith unto them, "Follow me, and I will make you fishers of men." And they straightway left their nets, and followed him.
>
> —Matthew 4:18–20

ANDREW	HEAVEN	PATER
APOSTLES	JAMES	PREACH
BRETHREN	JESUS	SAVIOR
BROTHER	JOHN	SEA
CALLED	KINGDOM	SIMON
CASTING	LEADER	STRAIGHTWAY
CHRIST	LEFT	TEACHING
FISHERS	MAKE	WORD
FOLLOW	MEN	
GALILEE	NET	

```
B G A G Q S A B L E A D E R C G
R S E C I Q P O A F S N H O J A
O C E M A P E P R C M I V Y Y L
T S O A A L O J W W E R D N A I
H N U T Y S L L D L C V L X W L
E H E S T U F E P L T I C W T E
R R E L E I P F D H A E G V H E
C T E A S J Z T Q C H B N H G K
N S S H V B R E T H R E N N I X
E T E I N E S Y Y U R N I N A C
M R P S R E N V J L C T G W R S
S H U L M H D R E C S D O O T A
U G J A G I C K H A O R M R S V
R K J W U G A D C M N S C D T I
K J M O S M F O L L O W U Y D O
W G N I H C A E T P R E A C H R
```

Answers on page 150.

Herd of Swine

So the devils besought him, saying, "If thou cast us out, suffer us to go away into the herd of swine." And he said unto them, "Go." And when they were come out, they went into the herd of swine: and, behold, the whole herd of swine ran violently down a steep place into the sea, and perished in the waters.

—Matthew 8:31–32

BEFALLEN

BEHOLD

BESOUGHT

CITY

COUNTRY

CRIED OUT

DEVILS

FEEDING

FIERCE

FLED

GERGESENES

HERD

PERISHED

POSSESSED

SEA

SON OF GOD

STEEP

SUFFER

SWINE

TOMBS

TORMENT

VIOLENTLY

```
C Y I B S R A D D N S W I N E W
O H C B E L E E P O D E I R C P
U I M F L V H R S L F S T E E P
N O F A I S D O G F O N O S T H
T U F N I P T S C I T Y E O E F
S E G R E O O O M E H S M R I L
B S E U R L U H M R G B D E Y S
T P V M O N L S S C U D R A L L
H L E C T B S A T E O E H S T I
F N W R I D E L F E S S B O N V
T F Y I E P T B E E E S E N E E
S E N E S E G R E G B E H O L D
S E N D R R C I D E A S O F O Y
U D I O H I G C I A F S H G I M
F I W U T S R D N E L O A E V S
F F S T P H M Y G V E P M P R M
```

Answers on page 150.

Healing a Man on the Sabbath

There was a certain man before him which had the dropsy. And Jesus answering spake unto the lawyers and Pharisees, saying, "Is it lawful to heal on the sabbath day?" And they held their peace. And he took him, and healed him, and let him go.

—Luke 14:2–4

BREAD

DROPSY

FAITH

HEALED

HOUSE

LAWFUL

LAWYERS

LET HIM GO

LORD

MAN

PEACE

PHARISEES

SABBATH

SICKNESS

SPAKE

TOOK

TOUCH

```
K E A W E S I R A H P K F C S F
O F C C F R S C A I F K C H S A
O L P A A W Y E D B K A T B P E
T I I H E A L E D A B A I C A R
M T Y M A P U R P U B A R T K B
H N A K N R O S M B Y B S G E N
E S U O H P I E A N M P W U C R
G R L I S L D S I C K N E S S L
L H I Y W A W L E T H I M G O O
D R O P E W S A A E O C A E P S
Y F C R M F A W S W S U M I I L
R L B T H A H Y U H F I C C H D
Y I O N O E P E O L H U K H L P
O H R R A U P R H T S N L O P P
O O T L D M C S E I E Y R O Y B
B A E N F U T L E Y W A L G L A
```

Miracles by the Power of the Spirit

"Every kingdom divided against itself is brought to desolation; and every city or house divided against itself shall not stand: and if Satan cast out Satan, he is divided against himself; how shall then his kingdom stand? And if I by Beelzebub cast out devils, by whom do your children cast them out? Therefore they shall be your judges.

"But if I cast out devils by the Spirit of God, then the kingdom of God is come unto you."

—Matthew 12:25–28

BEELZEBUB	DOUBTERS	KINGDOM
BLASPHEME	EXORCISE	MATTHEW
BROUGHT	HEALING	MIRACLE
CAST	HIMSELF	OUT
CHILDREN	HOLY	PHARISEES
CITY	HOUSE	SALVATION
DESOLATION	ITSELF	SATAN
DEVILS	JESUS	SPIRIT OF GOD
DIVIDED	JUDGES	

```
J  V  E  V  I  N  L  S  A  L  V  A  T  I  O  N
S  P  I  R  I  T  O  F  G  O  D  W  B  H  N  B
L  I  C  S  E  E  S  I  R  A  H  P  F  E  R  A
E  S  L  I  V  E  D  E  T  K  O  B  R  O  U  S
M  X  D  E  C  A  S  T  L  A  Z  D  U  X  Z  A
D  Q  O  R  D  B  U  X  W  F  L  G  H  P  H  T
O  H  I  R  B  U  S  K  J  I  H  O  S  U  X  A
U  E  D  I  C  U  D  V  H  T  C  D  S  B  A  N
B  A  Z  A  I  I  B  C  D  I  V  I  D  E  D  H
T  L  P  E  E  H  S  E  F  J  R  W  Q  S  D  Y
E  I  V  H  O  L  Y  E  Z  Y  K  T  U  S  H  T
R  N  E  M  E  H  P  S  A  L  B  S  E  E  O  I
S  G  D  M  I  R  A  C  L  E  E  A  C  G  U  C
F  L  E  S  M  I  H  U  D  J  O  E  W  D  S  Z
K  I  N  G  D  O  M  Y  D  E  U  U  B  U  E  A
U  W  E  H  T  T  A  M  F  M  T  B  U  J  C  S
```

Answers on page 150.

Everlasting Life

"Whosoever drinketh of this water shall thirst again: But whosoever drinketh of the water that I shall give him shall never thirst; but the water that I shall give him shall be in him a well of water springing up into everlasting life."

—John 4:13–14

AGAIN	GIFT	PRAYER
BAPTISM	GREATEST	SAMARITAN
BELIEF	HOLINESS	SOUL
BLESSING	HOLY	SPIRIT
DRINKETH	JESUS	SPRINGING
ETERNAL	LIVING	THIRST
EVERLASTING	LOVING	WATER
FAITH	MIRACLE	WELL
FOLLOWING	NEVER	

```
P  I  W  S  Y  T  Y  G  N  I  S  S  E  L  B  S
G  J  V  G  P  F  D  R  W  A  T  E  R  G  C  B
N  E  B  T  I  R  O  P  R  A  Y  E  R  V  N  A
I  S  H  I  N  F  I  G  E  D  F  L  C  A  H  P
V  U  T  R  Q  Q  T  N  L  V  U  F  T  O  J  T
I  S  E  I  R  A  D  O  G  Y  E  I  L  L  Y  I
L  N  K  P  W  Y  V  I  M  I  R  Y  A  F  Q  S
R  U  N  S  S  I  H  H  L  A  N  N  P  O  D  M
E  L  I  T  N  O  O  E  M  Q  R  G  T  L  W  Y
V  U  R  G  S  L  B  A  H  E  S  H  A  L  F  Y
E  O  D  K  I  E  S  P  T  X  I  Z  L  O  A  V
N  S  K  N  P  D  T  E  R  R  L  M  V  W  I  Q
C  B  E  V  E  R  L  A  S  T  I  N  G  I  T  L
V  S  W  E  L  L  R  T  E  C  J  G  V  N  H  H
S  M  I  R  A  C  L  E  F  R  C  S  H  G  E  J
S  Z  W  N  I  A  G  A  K  J  G  U  B  Y  Q  U
```

Answers on page 151.

Jesus Withers the Fig Tree

And on the morrow, when they were come from Bethany, he was hungry: and seeing a fig tree afar off having leaves, he came, if haply he might find any thing thereon: and when he came to it, he found nothing but leaves; for the time of figs was not yet. And Jesus answered and said unto it, "No man eat fruit of thee hereafter for ever." And his disciples heard it.

—Mark 11:12–14

AFAR	HEREAFTER	MORROW
BETHANY	HUNGRY	NOT YET
DISCIPLES	LEAVES	ROAD
FIG	LORD	TREE
FRUIT	MAN	WITHERED
HAPLY	MARVELLED	
HEARD	MORNING	

```
T G W A F M W C H M B A M L M O R
R F C R A E H I Y E D O L O D A
E L L E V R A M T W A E R Y E R
P D G N I N R O M H A R N D R A
P I N R O M H L A V E A D L E F
L U R T C L F D R S H R G I H A
B P Y R G N U H V T T R E E T M
Y E I D S I G S E L P I C S I D
T T B C R F Y B L R E A I G W P
N E O R S O I U L E E A H U Y U
H E O N I I L G E R T A V T R D
A A H A N T D S D I O E F E E F
P M O R R O W Y U H C L M T S B
L W A F A H E R E A F T A I E A
Y M H A P L F T F I Y S N C H R
R F G N U H Y C H F D A O R T Y
```

All Things Are Possible

"It is easier for a camel to go through the eye of a needle, than for a rich man to enter into the kingdom of God."

And they were astonished beyond measure, saying among themselves, "Who then can be saved?"

And Jesus looking upon them saith, "With men it is impossible, but not with God: for with God all things are possible."

—Mark 10:25–27

ALL THINGS	FEARFUL	POSSIBLE
ASTONISHED	HEAVEN	RICHES
BEYOND	IMPOSSIBLE	SALVATION
CAMEL	JESUS	TREASURE
DISCIPLES	KEEPING	WEALTHY
DOUBT	KINGDOM	WELCOME
EASIER	LORD	WONDER
ENTER	MEASURE	
FAITHFUL	NEEDLE	

```
W E E A N G I M P O S S I B L E
V K R L W W G L D W X S S T I E
K B U L V L N A U M W B W B W N
I R S T K D I R G F E U A U U T
N E A H H R S A E A H A P O Y E
G I E I S O X A S D W T S D B R
D S R N C L W T L E N E I U S I
O A T G C E O D A V L O E A R P
M E L S L N L L N P A G W Q F E
H K O C I Q T E I O N T D D P J
K Z O S N H N C M I Y D I O Q E
Y M H U Y E S G P A L E W O K S
E E J M E I V E U C C E B H N U
D O V D D Y E A R I C H E S L S
N I L B G K C S E L B I S S O P
V E F E A R F U L H N X B M V L
```

Answers on page 151.

Simon's Mother-In-Law

And forthwith, when they were come out of the synagogue, they entered into the house of Simon and Andrew, with James and John. But Simon's wife's mother lay sick of a fever, and anon they tell him of her. And he came and took her by the hand, and lifted her up; and immediately the fever left her, and she ministered unto them.

—Mark 1:29–31

ANDREW	JESUS	SIMON
ENTERED	JOHN	SON
FEVER	LIFTED	SYNAGOGUE
HAND	MINISTERED	TOUCH
HEALER	MOTHER	TRUTH
HOUSE	PETER	WIFE
JAMES	SICK	

```
N W A S A H H O J J I M O T H P
M I N I S T E R E D T U R T E F
O P D J Y R N A L A E H D G I J
T P R A N U T E L I F T E D W K
H D E M A T E T E E R Y P H I N
E F W E G H R F N E R R E C F H
R L H H O O E P T S D V T U E K
H L O O G I D E F N E G E O T K
O U L N U P P W A R V S W T S V
S S I J E S U S U S E O O I I U
N Y F A S I E E I W F V C N S P
E N T M W M P M N S I K E E A F
W A F E N O H C I T I F J F F H
K G S S L N U C R K E H A N D J
C O L M R A N H O J G R L W W I
M G R E T S I N I M N A H H G R
```

Healing the Sick

When the even was come, they brought unto him many that were possessed with devils: and he cast out the spirits with his word, and healed all that were sick: That it might be fulfilled which was spoken by Esaias the prophet, saying, "Himself took our infirmities, and bare our sicknesses."

—Matthew 8:16–17

BARE

CAST OUT

DEVILS

ESAIAS

EVENING

FULFILLED

HEALING

HIMSELF

INFIRMITIES

MANY

MULTITUDES

OPPRESSED

POSSESSED

PROPHET

SICKNESSES

SPIRITS

SPOKEN

TRUTH

UNCLEAN

WORD

S Y O H I M S E T R U T H W O R
S N T R U T P O S S E S S E D G
E A S B Y R O H E A L I N G A H
S M A F O S S S I C K N E S F I
S R C P P M U L T I T U D E S M
O Y H O T I M R I F N I B L I S
P E K P K O P S M E D R O W C E
T E D K G O P P R E S S E D K L
N S A I A S E I I E L K N T N F
D E L L I F L U F V I D A V E P
V U N C L E M N N E V V M V S I
K T U O T S A C I N E U E H S R
S P I R I T S L R I D N E D E I
L L I F L U G E C H I A O R S P
P R O P H G L A I N L F A L A S
O P P R E S S N G I H B E S A I

69   Answers on page 152.

Get Thee Hence

The devil taketh him up into an exceeding high mountain, and sheweth him all the kingdoms of the world, and the glory of them; and saith unto him, "All these things will I give thee, if thou wilt fall down and worship me."

Then saith Jesus unto him, "Get thee hence, Satan: for it is written, Thou shalt worship the Lord the God, and him only shalt thou serve."

—Matthew 4:8–10

DEVIL	KINGDOMS	SATAN
DOWN	LISTEN	SERVE
EXCEEDING	LORD	STRENGTH
FALL	LOYALTY	TAKETH
GIVE	MOUNTAIN	TEMPTATION
GLORY	ONLY	WEAKNESS
HENCE	POWER	WORLD
HIGH	RESISTANCE	WORSHIP
JESUS	RULE	WRITTEN

```
W N Q X M U D Y F B S V R D P T
W R I T T E N N T S H E A L D S
N H T E K A T Q E L S T P R H A
E A H R E Z N N S I A I Q O J T
L J W V O C K L S E H Y E W Y A
U J I X Q A I T X S R E O V H N
R G O S E S A P R O K V N L A G
M G S W T N P O M L E L E X E X
O H E E C R W E X C E E D I N G
U I N E D R E G J H E N C E M T
N G W X D R E N V E X V Y B O V
T H C O T F O W G P S D E V I L
A O W O N L Y L O T F U V B J H
I N Y R O L G F L P H G S F A S
N O I T A T P M E T O L L A F N
S I C A F R S M O D G N I K J L
```

Answers on page 152.

The Blind Man at Bethsaida

And he cometh to Bethsaida; and they bring a blind man unto him, and besought him to touch him. And he took the blind man by the hand, and led him out of the town; and when he had spit on his eyes, and put his hands upon him, he asked him if he saw ought. And he looked up, and said, "I see men as trees, walking." After that he put his hands again upon his eyes, and made him look up: and he was restored, and saw every man clearly.

—Mark 8:22–25

BESOUGHT	LOOKED	TOOK
BETHSAIDA	MEN	TOWN
BLIND	OUGHT	TOUCH
CLEARLY	RESTORED	TREES
EYES	SAW	WALKING
HANDS	SIGHT	UPON
LED	SPIT	

```
Y A P K D S K I N G A I W N G O
Y C R O O A M O A D H C U O T B
U A I O T W P L I S A N H C U L
W A W T T U U A U O H T W P P I
A R S I S S S R S G L T O O O N
L R P M M H S I A N U U E W T C
K S C H T E G L U E U O C B T P
I B T E Y H N I Y G L I S R L P
N M B E S O U G H T S C E E E M
G C L E A R L Y A W A E P E B K
R M I E Y G O T N W S S G Y M O
O G N A D U O O D P Y T I L S O
T W D E G K K O S G A D R G D L
S G Y H T R E S T O R E D E H P
E E T K C S D S P I H A N D E T
R N U I K L A W B B M G T O U C
```

Answers on page 152.

Feeding the 4000

And he took the seven loaves and the fishes, and gave thanks, and brake them, and gave to his disciples, and the disciples to the multitude. And they did all eat, and were filled: and they took up of the broken meat that was left seven baskets full.

—Matthew 15:36–37

BASKETS

BRAKE

CHILDREN

COMPASSION

DISCIPLES

EAT

FEAST

FEED

FILLED

FISHES

FOUR THOUSAND

GAVE

LEFT

LOAVES

MEAT

MEN

MULTITUDE

NOTHING TO EAT

SEVEN

THANKS

WOMEN

```
S H S L B F A F D F S K N A H T
E M R S I I P U T I V L U M G S
A O M S E D S O S B S T G C A I
A E H U R L E T A H S C B E V L
N E S E S N P E E A T E I R E E
S F M D E L L I F K U T V P A F
N R N P V F K S C F S H N A L K
A L D S E P N O I S S A P M O C
E L E L N H R S V W I N B V W L
F L I F I O H C H I L D R E N B
F O U R T H O U S A N D A M V A
V T A E M I C G A V H G K O A S
E A W I E S A P M O C A E W O K
E S E V E K W O M E N W V T L E
B N T T A E O T G N I H T O N R
A L L I F M U L T I T U D E I W
```

Answers on page 152.

Not By Bread Alone

And when he had fasted forty days and forty nights, he was afterward hungered. And when the tempter came to him, he said, "If thou be the Son of God, command that these stones be made of bread."

But he answered and said, "It is written, Man shall not live by bread alone, but by every word that proceedeth out of the mouth of God."

—Matthew 4:2–4

ALONE	HUNGERED	STRENGTH
ANSWERED	JESUS	TEMPTER
BREAD	MAN	TEST
COMMAND	MOUTH	TRIAL
DAYS	NIGHTS	WILDERNESS
DESERT	PROCEEDETH	WORD
DEVIL	SON OF GOD	WRITTEN
FASTED	SPIRIT	
FORTY	STONES	

```
Q D Y G J E K T E S T Q T M U P
K E H D H A I C N E T T I R W S
T V U M T C N W L W W W T Y F
B I N T G E H S R I I D R A A Y
T L G E N C T M W L G I D S S E
I H E M E U T V D E A H T I N P
R T R P R A R E H L R E T O R T
I U E T T A R D E V D E L S L F
P O D E S N O F E K N A D X C N
S M G R E G P R O C E E D E T H
M I P S F B X U D R O W H H S F
X T S O U C O M M A N D W E O F
M Y N U V T M U L W O O N R M W
U O O V S R T D U M Y O T A X Z
S U O H D E S E R T T Y N Q Q M
A G B R T Z J D K S A D A E R B
```

Answers on page 153.

Jairus's Daughter

And he took the damsel by the hand, and said unto her, "Talitha cumi"; which is, being interpreted, "Damsel, I say unto thee, arise." And straightway the damsel arose, and walked; for she was of the age of twelve years.

—Mark 5:41–42

ARISE

BLOOD

DAUGHTER

DYING

EAT

FATHER

GARMENT

MADE WHOLE

MAID

MOTHER

RULER

SILENCE

SLEEPETH

SYNAGOGUE

TALITHA CUMI

THRONG

TWELVE

WOMAN

```
C G G Z K Z B L O O D B R N
P N C A H T E P E E L S D K
E I G T R X P E V L E W T G
L Y E N I M K D K I V H G I
R D F L O G E P Q D Y L M I
E T E S O R N N K L I U H D
H G U I K H H A T R C A A K
T N G L N A W T R A K U M I
O F O E R K K E H I G D O R
M W G N C M C T D H S H R U
K O A C P R I I T A M E E L
J M N E R L K E E U M G F E
B A Y Q A J R A J V S D R R
K N S T F A T H E R Y S N A
```

Answers on page 153.

Walking on Water

And in the fourth watch of the night Jesus went unto them, walking on the sea. And when the disciples saw him walking on the sea, they were troubled, saying, "It is a spirit"; and they cried out for fear. But straightway Jesus spake unto them, saying, "Be of good cheer; it is I; be not afraid."

And Peter answered him and said, "Lord, if it be thou, bid me come unto thee on the water." And he said, "Come." And when Peter was come down out of the ship, he walked on the water, to go to Jesus.

—Matthew 14:25–29

A SPIRIT

AFRAID

APART

BEGAN TO SINK

BOISTEROUS

CEASED

CONSTRAINED

CONTRARY

CRIED OUT

DISCIPLES

FEAR

FOURTH WATCH

GOOD CHEER

JESUS

MOUNTAIN

MULTITUDES

NIGHT

PETER

SHIP

SON OF GOD

STRAIGHTWAY

TO PRAY

TROUBLED

TRUTH

WALKING ON THE SEA

WIND

WORSHIPPED

```
N R T G X D Y A W T H G I A R T S
A E S E H T N O G N I K L A W N C
Z M A B E G A N T O S I N K C O F
Q B O S K C E N J D Z M Z E N D T
N O H U A H T I R I P S A S H U R
W I N D N C P N K G P S T X O A D
P S C O N T R A R Y E R V D E E I
D T R Q M A A T S D A W E F L U S
O E E F U W C I R I P I M B D U C
G R E K L H K O N U R E U F I X I
F O H A T T Y E S C T O U E A D P
O U C U I R D A K F R H T S R A L
N S D N T U C I R T P Z R U F E E
O X O I U O B O I P P F A S A R S
S O O G D F S Y K B O P P E T E R
B L G H E Z V Z B X N T A J B K V
D I B T S W O R S H I P P E D O I
```

Answers on page 153.

Jesus Made Me Whole

Then asked they him, "What man is that which said unto thee, Take up thy bed, and walk?" And he that was healed wist not who it was: for Jesus had conveyed himself away, a multitude being in that place. Afterward Jesus findeth him in the temple, and said unto him, "Behold, thou art made whole: sin no more, lest a worse thing come unto thee." The man departed, and told the Jews that it was Jesus, which had made him whole.

—John 5:12–15

BEHOLD

BETHESDA

CARRY

CURED

DEPARTED

HEALED

IMMEDIATELY

IMPOTENT

INFIRMITY

JESUS

JEWS

LAWFUL

MULTITUDE

SABBATH

SIN NO MORE

TAKE UP THY BED

TEMPLE

WALK

WHICH MAN

WHOLE

```
I T T A I D E M M I C A N I T O
N D N P L B E H O U W A U S E J
F A E E D T P A R T M W E J M C
I T D L T H T E M H C I H W P F
R E W S A O D S C M U L T I M U
M M D A E P I N F I R M I T Y
I P L B L H H M U L T I T U D E
W L O B U W T M I O M O N N I S
A E H A T A K E U P T H Y B E D
L S E T W J F D B I M P O T E E
K J B H M C S I N N O M O R E P
F L U F W A L A K S E H T E B A
W S U S E J J T M C L L C A R R
A H Y H T P U E K A T A O Y L T
L M S A B B A L W W H O L H I E
E J C A R R Y Y A S H E A L W D
```

Answers on page 153.

Healing a Child

> Then Jesus answered and said, "O faithless and perverse generation, how long shall I be with you? how long shall I suffer you? bring him hither to me." And Jesus rebuked the devil; and he departed out of him: and the child was cured from that very hour.
>
> **—Matthew 17:17–18**

CAST OUT

CHILD

CURE

DEPARTED

DEVIL

DISCIPLES

FAITHLESS

FIRE

GENERATION

HITHER

HOUR

HOW LONG

MERCY

PERVERSE

REBUKED

SPIRIT

SUFFER

UNCLEAN

VEXED

WATER

```
H D D P A R T Y T R E V R E P K
R N M K S K G S R E L H I I A F
O D E K U B E R S E V I C A A N
R U O H F E N E M E H V V V H Y A
E X E V F T E N E S L T D E I E
C K D H E A R O R R C H I L D L
A D O R R W A I C E A U T H E C
S U I F I R T T H V S D R I P N
T M E R C Y I A T R T E L E A U
O S P I R R H R I E O V P F R F
O H D L C O D E H P U I I V T I
S L R E W A R N E O T A C E E R
U I W L X E S E L P I C S I D E
F E O O B E T G C R M T I D T C
F N M U H M V E N U Y U D M A P
G N K R E T A W U C S P I R I T
```

Answers on page 154.

Because Ye Did Eat, and Were Filled

"Verily, verily, I say unto you, Ye seek me, not because ye saw the miracles, but because ye did eat of the loaves, and were filled.

"Labor not for the meat which perisheth, but for that meat which endureth into everlasting life, which the Son of man shall give unto you: for him hath God the Father sealed."

—John 6:26–27

CAPERNAUM	LABOR	PROVIDE
DESERT	LIVING	RABBI
EATING	LOAVES	SEALED
ENDURETH	MANNA	SEEKING
EVERLASTING	MEAT	SON OF MAN
FATHER	MIRACLES	VERILY
FEAST	MOSES	WITNESSNES
FISHES	PERISHETH	
FULFILLMENT	PREACHING	

```
P T L T L A B O R S E E K I N G
O K N A G N I T S A L R E V E V
P F G E W D K T E I F E W C L Y
Y A N M M S E N U E S I S O I P
P T I O O L D L M P T L E M V E
R H T M G U L U A N T T L O I R
O E A M R Z A I E E W S C S N I
V R E E A N Q S F G A A E G S I
I N T F R N S C C L B E R S Y H
D H A E W E N L D M U F I S D E
E W P M S J L A O E X F M V N T
K A D M F E P R E A C H I N G H
C U G F Z O J X U M V E X N L R
Y L I R E V N Q F N U E P Y L P
D T R E S E D O B C U O S B A T
I B B A R S E O S F I S H E S I
```

Answers on page 154.

Temple Tax in a Fish's Mouth

"Go thou to the sea, and cast an hook, and take up the fish that first cometh up; and when thou hast opened his mouth, thou shalt find a piece of money: that take, and give unto them for me and thee."

—Matthew 17:27

CAPERNAUM

CAST

CHILDREN

CUSTOM

FISH

GIVE

HOOK

MASTER

MONEY

MOUTH

OPENED

PAY

PIECE

SEA

STRANGERS

TAKE

TAX

TEMPLE

TRIBUTE

```
E G N A R T S B Y T Y L B R O H
X O E C E I P F E X A E O P E N
F M A T U O M M Y P P M O N E Y
C I G N C E P S I P U A O F R Y
O E S E X L E E U A A S C U R H
B K M R E A C U N S N T U F T H
L A C D H H N R R H E E S G P H
O T N L S Y E E D N O R T D C P
O E V I G P G R O K H N E G A T
H F F H A N E M D G C N U V P R
S S O C A S T Y S L E A I U E I
D O C R U U T Y N P I G S R R B
K Y T T T S U R O T E H T N N U
M S A S K S T T I A X H C E A T
U K K K H P A O B B D A T U M E
L C D N C H F M M Y U O T L I P
```

Answers on page 154.

All the People Were Amazed

Then was brought unto him one possessed with a devil, blind, and dumb: and he healed him, insomuch that the blind and dumb both spake and saw. And all the people were amazed, and said, "Is not this the son of David?"

—Matthew 12:22–23

AMAZED

BLIND

CAST OUT

DEVIL

DUMB

FAITH

HEALED

LORD

MAN

MUTE

PEOPLE

PHARISEES

POSSESSED

SAW

SON OF DAVID

SPAKE

SPIRIT

TRUTH

UNCLEAN

```
P S P A K O E S I R A H P B Z F
I V E D I M W A S E R U L A F M
S P I R I T P D P H P I M A D D
P O S S E S S E D S N A I N R S
H U N C L E A N O D P T H V O S
A E L O A W L D V P O A T W L E
R W A R F S P O E P L A K B U S
I F U L O D T B L I N E H E F S
S H N N E L A O S P T R U T H O
E Z C S A D M V U P C F M Z L P
E M L H T I A F I T I A F I Z D
S A E R M P Z W C D Z R S M E E
B S B L V M E L T O U K A T D V
R A L M N U D L A U R N U U O I
A O U I U T Z E S E R M M R K L
S O N O F D A V K B H T S A E Z
```

Answers on page 154.

Jesus Heals a Crippled Woman

Behold, there was a woman which had a spirit of infirmity eighteen years, and was bowed together, and could in no wise lift up herself. And when Jesus saw her, he called her to him, and said unto her, "Woman, thou art loosed from thine infirmity." And he laid his hands on her: and immediately she was made straight, and glorified God.

—Luke 13:11–13

BOWED

CALLED

DAUGHTER

EIGHTEEN YEARS

GLORIFIED

HANDS

IMMEDIATELY

INFIRMITY

LIFT UP

LOOSED

LORD

SABBATH

SPIRIT

STRAIGHT

SYNAGOGUE

TEACHER

WISE

WOMAN

```
D T H H C D D E T H G I A R T S
O H A S E W I S E M G N A B R Y
E N D W M H D R H T A B B A S N
D I O L Y C A E F B B L E R I A
R B O U T U U H C A I Y W E I G
F R E I I E G C S F N P S T N O
D R A F M T H A T E U O E H F G
S I S I R R T E E T O D W G I U
D U P R I O A T F L P N S U R E
N A I O F L H I N A M O W A M N
A M R L N G L O R I F I E D I L
H O I G I M M E D I A T E L Y L
B W T E S I M M E D I A T T N A
O G O G A N Y S C A L L E D E C
W S E Y N E E T H G I E I S I W
E H U I D E S O O L G I A R T S
```

Miracles in My Name

And John answered him, saying, "Master, we saw one casting out devils in thy name, and he followeth not us: and we forbad him, because he followeth not us."

But Jesus said, "Forbid him not: for there is no man which shall do a miracle in my name, that can lightly speak evil of me. For he that is not against us is on our part."

—Mark 9:38–40

AGAINST US	HELPING	MIRACLE
AUTHORITY	HOLINESS	NAME
CASTING	JESUS	NEED
DEVILS	JOHN	QUESTION
EVIL	KNOWLEDGE	RIGHT
EXORCISM	LEADER	TRUTH
FOLLOWETH	LESSON	WITH US
FORBIDDEN	LIGHTLY	
GOSPEL	MASTER	

```
L T U M L I G H T L Y E Y O Z F
U U D B D R E T S A M F A X R T
Y D E E N Z P X H Y S L I V E D
F B J O H N C A S T I N G P C P
O L E S S O N K N O W L E D G E
R T N N O I T S E U Q E Q W B P
B F D K Y T I R O H T U A I Y A
I S K F Y S N F H G H J Y T L H
D P U L O W S W E S O M Q H I E
D R N T I L N E U L S S L U Z L
E J I A S V L A N I C E P S X P
N S N G M N E O C I A A U E K I
T R U T H E I R W D L S R H L N
D T A D C T O A E E E O Y I X G
B C I M Y X X R G J T D H L M P
L K C L E M E E G A A H I C B I
```

Zaccheus

And Zaccheus stood, and said unto the Lord: "Behold, Lord, the half of my goods I give to the poor; and if I have taken any thing from any man by false accusation, I restore him fourfold."

And Jesus said unto him, "This day is salvation come to this house, forsomuch as he also is a son of Abraham. For the Son of man is come to seek and to save that which was lost."

—Luke 19:8–10

CHEATED	LORD	SHORT
CLIMBED	MONEY	SINNER
COME DOWN	PEOPLE	SON
CROWD	POOR	TAX COLLECTOR
GUEST	RICH	TREE
HOUSE	SALVATION	WEALTHY
JERICHO	SAVE	WELCOMED
JESUS	SEEK	ZACCHEUS

```
U D B C U N D Y D D P T H
F R J S O W C E E E E S O
U O P U Y O A N M T O H U
D L O S Y D U O O A P O S
O H O E Z E S M C E L R E
W I R J A M X E L H E T W
E T A X C O L L E C T O R
A T R E C C D S W K M D B
L S E V H C I R C R O W D
T E N A A Q D E B M I L C
H U N S E O H C I R E J S
Y G I R U L E E R T Q V O
B Z S J S A L V A T I O N
```

Answers on page 155.

Lazarus Sleeps

He saith unto them, "Our friend Lazarus sleepeth; but I go, that I may awake him out of sleep." Then said his disciples, "Lord, if he sleep, he shall do well." Howbeit Jesus spake of his death: but they thought that he had spoken of taking of rest in sleep. Then said Jesus unto them plainly, "Lazarus is dead."

—John 11:11–14

AWAKE

DARK

DEAD

FOUR DAYS

FRIEND

GRAVE

JESUS

JUDEA

LAZARUS

LET US GO

LIGHT

LORD

PLAINLY

REST

SICKNESS

SISTERS

SLEEP

SON OF GOD

```
L L V N R A Z A L L G F O N O S
R I E S E R E H Z J E P F Y C J
D D G V N K E G R P S T V N U N
J I W H A I F I R S L U U D V S
K J C W T R K L U Y E W E S A L
S H A Y L L G L O A E D O J R E
J U D E A I Y L P D P G Y S G E
R K R F E S L O E R S P O I I L
P A W A I R N R I U U N E C U S
G W D C Z Z I D T O O I K K F U
A A K P P A A E I F R I E N D S
S N K R A D L J G F C E U E D E
E S I L K R P O R O L T U S Z J
P Y Y L E S D S R E T S I S E O
V G I S F O U R D A W I O W V J
A U T F N L O G F S G S D E A D
```

Answers on page 155.

Healed by Touch

And when they were come out of the ship, straightway they knew him, And ran through that whole region round about, and began to carry about in beds those that were sick, where they heard he was. And whithersoever he entered, into villages, or cities, or country, they laid the sick in the streets, and besought him that they might touch if it were but the border of his garment: and as many as touched him were made whole.

—Mark 6:54–56

BEDS

BESOUGHT

BORDER

CARRY

CITIES

COUNTRY

DISEASE

GARMENT

GENNESARET

LAND

REGION

SHIP

SHORE

SICK

STRAIGHTWAY

STREETS

THEY KNEW HIM

TOUCH

VILLAGES

WHITHERSOEVER

WHOLE

```
T N U O C Y T H E Y K N E W P N
K T H G I A R T S R S D N A L I
S T E E R T S C H T I H I C G Y
D R O B T S W A O N C C A R R Y
M H K D H N G R R U B B E D S I
E W H I T H E R S O E V E R M G
M D P S H E N M T C S I V A H E
R R D E E O N I R E O L I S C R
A E E A Y S E H A A U L L E U U
G G B S K R S S I R G A L N O E
C I E E N E A T G E H G A N T L
I O S A E H R R H D T E G E L O
T N O E W T E E T R A S K G A H
I B U S H G T E W O T O U C N W
E P G I I H L K A B W H O L I P
S V B D M W Y N Y D E R O H S S
```

The Way, the Truth, and the Life

Thomas saith unto him, "Lord, we know not whither thou goest; and how can we know the way?"

Jesus saith unto him, "I am the way, the truth, and the life: no man cometh unto the Father, but by me."

—**John 14:5–6**

BELIEF

COMETH

DISCIPLES

DOUBTING

FAITHFUL

FAMILY

FATHER

FEARFUL

GOSPEL

HEAVEN

HOLY

JESUS

JOHN

KNOWLEDGE

LESSONS

LIFE

LORD

LOVING

MIRACLES

QUESTIONS

SALVATION

SPIRIT

TEACHING

THOMAS

TRUTH

WAY

WHITHER

WORKS

```
V G B T S H T S N O S S E L X Y
L O F Q R K X J V L M U G O C F
Z S X A E U N O I T A V L A S E
L P Y V T O T O C B L V S S N I
T E S Y Y H U W U W N K E E L
R L E E A M E K F L O Z F E V E
E D L I S W I R Z I E A D W A B
H O P H L A A R T U I D B T E T
T U I F I E M S A T C H G W H G
I B C A F H E O H C O O N E N D
H T S M E U B F H L L H M I B R
W I I I Q K U T Y T O E V E U O
H N D L K L M M P J M O S R T L
J G G J Y U J E S U S L W W B I H
N Z A Y Z T E A C H I N G S U V
S D U S P I R I T S K R O W Y S
```

Answers on page 156.

Go to the Pool and Wash

Therefore said they unto him, "How were thine eyes opened?"

He answered and said, "A man that is called Jesus made clay, and anointed mine eyes, and said unto me, 'Go to the pool of Siloam, and wash': and I went and washed, and I received sight."

—John 9:10–11

ANOINTED	JESUS	SENT
ANSWERED	MAN	SIGHT
BEGGED	NEIGHBORS	SILOAM
BLIND	OPENED	SPITTLE
CLAY	POOL	WASHED
HEALED	RECEIVED	WENT

```
C T N S R O W S B O D J J G M M
T H G I S V V E P T D V D A E R
G W A S H R L D N Y M N O H A H
O B H G I E N E H T T L I B A O
B B S S J C C R C M I T W L C R
L M L U I E R E U S A D E P B Y
I N L S C I Y W A S H E D W O T
N E A E W V S S P I T T L E C P
C S E J E N N R E C E I V E D
L S H N N A O A N O I N T E D L
A B I T M P A S P S B O A D B R
Y E C G E O D E L A E H B B E P
C G O N H A N O I N T V G W G E
G G L L J E E P O O L Y S I G N
M E I P D C C O P A N N P E E M
M D S P T J E S U A A C L A J N
```

Answers on page 156.

Ephphatha

They bring unto him one that was deaf, and had an impediment in his speech; and they beseech him to put his hand upon him. And he took him aside from the multitude, and put his fingers into his ears, and he spit, and touched his tongue; And looking up to heaven, he sighed, and saith unto him, "Ephphatha, that is, Be opened." And straightway his ears were opened, and the string of his tongue was loosed, and he spake plain.

—Mark 7:32–35

ASIDE	GALILEE	SPAKE
BE OPENED	HAND	SPEECH
BESEECH	HEAVEN	SPIT
DEAF	IMPEDIMENT	STRAIGHTWAY
DUMB	LOOSED	STRING
EARS	MULTITUDE	TONGUE
EPHPHATHA	PLAIN	
FINGERS	SIGHED	

```
V A E H P N I S H D N A H I P S
T D E A I S T U T L O D P N E T
H T H A P R T I F T E S K A P S
G C L A I I P I A N T S D U M B
I P K N Y S N H E R T O N G U E
A E G L D G P P I R L O O S E D
R V U H E H O F A B W S P S M N
T M I M P E D I M E N T P P I D
S D F E B P G N U S I G H E D M
N E V A E H A G L E E E G E E F
N D U M T P L E T E D E I C P A
E I R W H H I R I C G I S H M E
P B A G A A L S T H S A S E I D
O Y E N S T E Y U O O R L A B H
E Y Y O I H E M D U O B A I M A
B H A W D A P M E P L A I E L N
```

Answers on page 156.

Cast Out Devils in My Name

And he said unto them, "Go ye into all the world, and preach the gospel to every creature.

"He that believeth and is baptized shall be saved; but he that believeth not shall be damned. And these signs shall follow them that believe; In my name shall they cast out devils; they shall speak with new tongues; They shall take up serpents; and if they drink any deadly thing, it shall not hurt them; they shall lay hands on the sick, and they shall recover."

—Mark 16:15–18

BAPTIZED

BELIEVERS

CREATURE

DAMNED

DEADLY

DEVILS

DRINK

FOLLOW

GOSPEL

HURT

NAME

PREACH

RESURRECTION

SAVED

SERPENTS

SICK

SIGNS

SPEAK

TONGUES

WORLD

```
H U W V C V N P Q S H V K I I T
C D L R O W W H X K V N V G T R
P E G Z G U G C F X I B F A F U
P R J S I C K A E R F M I W B H
Z U M S G D V E D S E U G N O T
G T R E S U R R E C T I O N P T
O A W Q B D Q P S C D E Q K M M
S E C X E F N E V T C E Q N G S
P R N V L W O L M P N D A D A E
E C I K I F Z S B A E E E D G W
L L C A E M Q T P Z N N P R L R
S K A E V J X J I V M S C R W Y
Y P S P E C D T A A M O A E E M
G Z N S R A P G D Z A H M V C S
Q O K V S A S F O L L O W H E F
T W O H B U G E S N G I S T B D
```

Answers on page 157.

Never So Seen

As they went out, behold, they brought to him a dumb man possessed with a devil.

And when the devil was cast out, the dumb spake: and the multitudes marvelled, saying, "It was never so seen in Israel."

—Matthew 9:32–33

BEHOLD

CAST OUT

DEVIL

DISEASE

DUMB

FAITH

GOSPEL

HEAL

ISRAEL

MARVELLED

MULTITUDES

MUTE

NEVER SO SEEN

PHARISEES

PRINCE

SICKNESS

SPAKE

TRUTH

```
F M S O S R E V E N L B U N N L
P R I N S M R O H E B D K E H L
T M M U T U U D A S K I E F T E
T R U T G L M R P G H S B A B V
F A I T H T S A H K O E R I T R
V K P K E I K L A S D A O T M A
E M M U D T M A R V E L L E D M
S U E S K U H E I O T S A C I O
I L C P B D V D S I C K N E S S
R T N A T E A A E A A E E V E P
A I I K N S H R E G S N L L A S
H N R E T P H O S D T K I B S O
P U P R L B H U L I O C V H E G
I D U A I M E G V D U I E E T K
H T E U G U B E T D T S D A G R
H H M A K D D L E P S O G E F P
```

Answers on page 157.

Take Up Thy Bed and Walk

And a certain man was there, which had an infirmity thirty and eight years. When Jesus saw him lie, and knew that he had been now a long time in that case, he saith unto him, "Wilt thou be made whole?" The impotent man answered him, "Sir, I have no man, when the water is troubled, to put me into the pool: but while I am coming, another steppeth down before me." Jesus saith unto him, "Rise, take up thy bed, and walk."

—John 5:5–8

BETHESDA

DISEASE

DOWN

FEAST

I HAVE NO MAN

IMPOTENT

INFIRMITY

JERUSALEM

JEWS

LIE

LONG TIME

POOL

RISE

STEPPETH

TAKE UP THY BED

THIRTY EIGHT YEARS

TROUBLED

WALK

WATER

WHOLE

```
W T J H E W K P D E L B U O R T
V O S L S L M O N E V A H I H A
N P D A A Y T I M R I F N I W K
Y W O W E W P E L O H W R H F E
T I O E S F D A S E A T O A F U
H I J D I E I L P J Y L R V M P
G N E A D S E H T E B J E E L T
I F R E W E S U I R F Y S N O H
E I U J E M E G M U Y H J O O Y
Y R S E J I H W P S W T E M P B
T M A P S T T A O A E P W A S E
R I L P Y G E T T L T U S N A D
I V U E V N B E E E O E R L E J
H B A T A O R Y N M P K E I F J
T R A S H L L I T T M A R I S E
S T E P P E T H Y R I T G N O L
```

Answers on page 157.

The Man in Capernaum

And in the synagogue there was a man, which had a spirit of an unclean devil, and cried out with a loud voice, saying, "Let us alone; what have we to do with thee, thou Jesus of Nazareth? art thou come to destroy us? I know thee who thou art; the Holy One of God." And Jesus rebuked him, saying, "Hold thy peace, and come out of him." And when the devil had thrown him in the midst, he came out of him, and hurt him not.

—Luke 4:33–35

AUTHORITY	GALILEE	REBUKED
CAPERNAUM	HOLY	SABBATH
COMMAND	HURT HIM NOT	SYNAGOGUE
CRIED OUT	LOUD	TAUGHT
DESTROY	NAZARETH	THROWN
DEVIL	PEACE	UNCLEAN
DOCTRINE	POWER	WORD

```
C A P E R N A T H G U A T E R Z
D O D E I R C A M A U O E T O N
M N C A E P S Y U D M L R W W A
M O V W G A L I L T I M D H D Z
S R O I S A B B A L H D O R T A
Y P C A P E R N A U M O O C L R
N U O R U H Y G R R Y W R O D E
A N M P I T D T L O U D H I E T
G C M O Y E H O L Y T D H W K H
O L A W Y I D O C T R I N E U U
G E N E M E E O R D R P W L B N
U A D N V D S B U I R E E W E C
E N O I G E T L U T T I B A R L
T T L U T S R S U O L Y N U C E
K S A Z W T O T H R O W N T K E
N T L P O R Y Y G H T A B B A S
```

Answers on page 157.

Lazarus Come Forth

Then they took away the stone from the place where the dead was laid. And Jesus lifted up his eyes, and said, "Father, I thank thee that thou hast heard me. And I knew that thou hearest me always: but because of the people which stand by I said it, that they may believe that thou hast sent me." And when he thus had spoken, he cried with a loud voice, "Lazarus, come forth."

—John 11:41–43

AWAY	FATHER	PEOPLE
BELIEVE	HEARD	SENT
BETHANY	LAZARUS	SPOKEN
COME FORTH	LIFTED	STAND
CRIED	LOUD	STONE
DEAD	MARTHA	THANK
EYES	MARY	

```
A L H R R O F W S E Y E N P H S
S E L A D K V B W O K W E K D R
T T M A L S E N A W A Y K Z C A
O K E O T T D R A E H P O T N E
N D U O H C K N A H T O P W A H
H D N A C R L A Z A R U S A T S
L E Z N Y A I F Z T O E I R C A
S T A N D Z F A A P F A T H E R
R T H T B S T T W B E L I E V E
T C C T N L E H A E M O S H L S
N O R F C A D N T T O A P P U U
E M I I U L T M Y H C Y R L O D
S E E L O U A S Z A H P R T E K
L F D B E R S Z R N S P W A H A
U O C Y T H A N A Y V D E A M A
Z R E S E I L E B R B P O E P P
```

Answers on page 158.

Mary and Martha

A certain woman named Martha received him into her house. And she had a sister called Mary, which also sat at Jesus' feet, and heard his word. But Martha was cumbered about much serving, and came to him, and said, "Lord, dost thou not care that my sister hath left me to serve alone? bid her therefore that she help me."

And Jesus answered and said unto her, "Martha, Martha, thou art careful and troubled about many things: but one thing is needful: and Mary hath chosen that good part, which shall not be taken away from her."

—Luke 10:38–42

ALIVE	HELP	MIRACLE
BELOVED	HOUSE	RAISED
BETHANY	JESUS	ROLLED
BROTHER	KITCHEN	SISTERS
DEAD	LAZARUS	STONE
DINNER	LIFE	TEACHING
FEET	LISTEN	TOMB
FOLLOWERS	MARTHA	
FRIENDS	MARY	

```
D E S I A R A K I T C H E N
S Z J M F E Z R O L L E D E R
R S I F S G S I S T E R S T
E Z T U S D N E I R F M T S
W Z O O Y N A H T E B E U I
O H K Z N B A L I V E V R L
L J S U S E J D J F L R B O
L M Y K D S R E H T O R B I
O I R L I F E S U H V G C A
F R T O M B M A R Y E Y K J
W A M A Z R E N N I D E A D
Y C A H T R A M L P O Q B C
U L H H U S U R A Z A L K B
X E H E L P G N I H C A E T
```

Answers on page 158.

The Love of Christ

For this cause I bow my knees unto the Father of our Lord Jesus Christ, of whom the whole family in heaven and earth is named, that he would grant you, according to the riches of his glory, to be strengthened with might by his Spirit in the inner man; That Christ may dwell in your hearts by faith; that ye, being rooted and grounded in love, may be able to comprehend with all saints what is the breadth, and length, and depth, and height; And to know the love of Christ, which passeth knowledge, that ye might be filled with all the fulness of God.

—Ephesians 3:14–19

BOW

BREADTH

CHRIST

DEPTH

DWELL

EARTH

FAITH

FAMILY

FATHER

FULLNESS OF GOD

GRANT

GROUNDED

HEAVEN

HEIGHT

KNEES

LENGTH

LOVE OF CHRIST

RICHES OF GLORY

ROOTED

YOUR HEARTS

```
N E V A E H G R A N T O P B
L L S T R A E H R U O Y F E
O F O H T P E D G N L U Y K
E B H V E P C A T L L E W D
R I C H E S O F G L O R Y C
A B V T O O Z F N W K W G B
Y F R W K Y F E A G C H I D
T L X E B N S C H T T G E Z
H X I O A S E D H G H D G H
G T W M O D E E N R N E T A
I B R F A T T E S U I I R Z
E I G A O F L H O A A S U Z
H O U O E J F R B F W Y T P
D W R J I Y G A T S I R H C
```

Answers on page 158.

Thy Faith Hath Made Thee Whole

And one of them, when he saw that he was healed, turned back, and with a loud voice glorified God, and fell down on his face at his feet, giving him thanks: and he was a Samaritan. And Jesus answering said, "Were there not ten cleansed? but where are the nine? There are not found that returned to give glory to God, save this stranger." And he said unto him, "Arise, go thy way: thy faith hath made thee whole."

—Luke 17:15–19

ARISE

CLEANSED

FACE

FAITH

FEET

GLORIFIED

GO THY WAY

GRATITUDE

HEALED

LOUD

NINE

ONE

PRAISED

RETURNED

SAMARITAN

STRANGER

TEN LEPERS

THANKS

WHOLE

```
T W N N E N I N G N A R T S M G
I O L R F A C E O R F A I T R G
F F L G R A T I T U D E I A K W
I A O L E A E L H N N R T R H R
R I U O T R N O Y M A I E D E N
O T D R U I L U W M A G E T L T
L H A I R S E T A U N L U N C E
G C W F N O P S Y A A R K S L E
G T L I E P E S R E N D T K E F
L O F E D G R T H G A L E N A S
G A T D A E S A M A R I T A N H
C O D H S N L I I L F W L H S W
T D N I Y I S F A S A A H T H N
H A R E O W H E A R E H K O G D
A A H P D A U E D H P D L H L E
N O T E N L E P E C H E N L H A
```

Answers on page 158.

Miraculous Catch

The other disciples came in a little ship; (for they were not far from land, but as it were two hundred cubits,) dragging the net with fishes. As soon then as they were come to land, they saw a fire of coals there, and fish laid thereon, and bread. Jesus saith unto them, "Bring of the fish which ye have now caught." Simon Peter went up, and drew the net to land full of great fishes, an hundred and fifty and three: and for all there were so many, yet was not the net broken.

—John 21:8–11

BREAD	DISCIPLES	PETER
BROKEN	FIND	RIGHT SIDE
CAST	FIRE	SEA
CAUGHT	FISHES	SHIP
CHILDREN	MEAT	SHORE
COALS	MORNING	SIMON
COAT	NET	TIBERIAS

```
A B M I B U T S A C I R E B I T
L L S O K T C I B R O K S I M O
P S S O R H S F I N D H S I F E
I H G H I N M T M O R N I N G P
C O P L I E I E F I S H E S E S
S R D M A R F N G E P R T M C A
I R T T G O C H I L D R E N O L
D N B A L H T I B E R I A S A S
B E R K O S I M O N M C S U R E
B G O G I C G T F R I G H T S I
R K K D I S C I P L E S N A P C
E K E I K P A O F K U E E B C D
T C N K E S U R A I I M K K A E
E C E S A H G I C L R R H E U S
P R A E A I H F M I S E R P G B
B T S S G P T F I N P B C O A L
```

Sight Restored to Bartimeus

And he, casting away his garment, rose, and came to Jesus. And Jesus answered and said unto him, "What wilt thou that I should do unto thee?" The blind man said unto him, "Lord, that I might receive my sight." And Jesus said unto him, "Go thy way; thy faith hath made thee whole." And immediately he received his sight, and followed Jesus in the way.

—Mark 10:50–52

BARTIMEUS

BEGGING

BELIEF

BLIND

CAST AWAY

COMFORT

COMMAND

FAITH

FOLLOWED

GARMENT

GO THY WAY

IMMEDIATELY

LORD

PEACE

RECEIVED

SIGHT

SON OF DAVID

TIMAEUS

WHOLE

```
F O L L O W F D W S S C A E P R
L P O N T A B N A U U S N V W O
P H D I I E G A T E E I W E Y C
W M M T G L M M S M A G I Y H G
O A H G R G B M A I M H L B T O
E M I T R A B O C T I E E D O T
B N D E V I E C E R T L B E G H
G T D N I L B E C A S T A W A Y
I E R F A I T G I B W Y V O T W
W F S O N O F D A V I D A L A A
B H A S F S E C G R W G D L I Y
M O O M I M G B A D M P F O D B
B C O L M G O L R R L E O F E E
D C M I E O H C M O O A N L M G
V I E C E R C T E L R C O T M G
V H L B E L I E F W L E S E I I
```

Answers on page 159.

Lesson of the Fig Tree

Jesus answered and said unto them, "Verily I say unto you, If ye have faith, and doubt not, ye shall not only do this which is done to the fig tree, but also if ye shall say unto this mountain, be thou removed, and be thou cast into the sea; it shall be done.

"And all things, whatsoever ye shall ask in prayer, believing, ye shall receive."

—Matthew 21:21–22

ALL THINGS	LEAVES
ANSWERED	MOUNTAIN
BELIEVING	PRAYER
CAST	RECEIVE
DONE	REMOVED
DOUBT	SEA
FAITH	TREE
FIG	VERILY
FRUIT	WHATSOEVER
HOW SOON	WITHERED

```
S E P R A Y S E L C R U D L C N
A L L T H I N E V E T O L A O V
I N H E F I A F Y I U S S D O I
G W S E W V A A G B E M A M G R
T I U R F I R O A V V C E C Y E
I S P T T P G F N M B R E R L V
D W U H W H A T S O E V E R I F
O H T U I O L L W U L R P E R R
U A I R T W L B E N I E D M E U
B T A H H S T E R T E C A O V I
T S F R E O H L E A V E O V N B
C O S E R O I I D I I I W E E E
F E P W E N N E E N N D U D H S
A V B S D G G V T R G O S W O H
L P H N E B S I F A T N U O M R
C G I A W L I R E H T I W G I F
```

Answers on page 159.

Jesus Heals a Servant's Ear

And one of them smote the servant of the high priest, and cut off his right ear.

And Jesus answered and said, "Suffer ye thus far." And he touched his ear, and healed him.

—Luke 22:50–51

ARRESTED	PRIEST
BETRAYED	RIGHT
CAPTAINS	SERVANT
CUT OFF	SMOTE
DARKNESS	STAVES
EAR	SUFFER
ELDERS	SWORDS
HEALED	TEMPLE
JUDAS	THUS FAR
PETER	TOUCHED

```
S D I S N E T F E C S T H S B V
U P T R N N D S I A E E T G U E
F K O K A I S U R M V V V A I B
F W R V S G J H P S V R A A E R
S A R A C A P T A I Y S E T T P
D E D A R K N E S S R E R S S S
S U H E A L E D R E T R M B T J
J A C U T O F F D E Y R I G H T
E H T K U S I L P E D L E K R V
T T J H R B E T R A Y E D E M G
O E T U U F A R H P D W T T Y W
M M O C D S R B R N R E F F U S
S P M P U A F I C A P T A I N S
Y L S U U T E A V R C S B U I B
K E C Y G S O U R T O U C H E D
E N F D T S W O R D S H E A L K
```

Answers on page 159.

Easter

> Knowing that Christ being raised from the dead dieth no more; death hath no more dominion over him.
>
> **—Romans 6:9**

ALIVE	FORGIVEN	PETER
ANGEL	GETHSEMANE	PILATE
ARREST	GOSPELS	PRAYER
ASCENSION	JAMES	RISEN
BARABBAS	JESUS	SACRIFICE
BETRAYAL	JUDAS	SINS
CROSS	MAGDALENE	SUNRISE
CRUCIFY	MARY	TEMPLE
DISCIPLES	NAILS	THORNS
EASTER	PALMS	TOMB
EMPTY	PASSOVER	TRIAL

```
W X E E N A M E S H T E G Q R
S R S E L P I C S I D O J N P
M E E S T Y T S R E T E P E I
L V M L I F H U E N M C E V L
A O A F N I O N Y O S I N I A
P S J B V C R R A I Q F E G T
J S E E A U N I R S U I L R E
E A S T E R S S P N T R A O Q
J P Q R B C A E S E Q C D F G
C U R A M N M B C C T A G J O
E X D Y O E A S B S R S A E S
M C M A T V R I E A G O M S P
P G T L S I Y R L L S T S U E
T T R I A L R R I S E N H S L
Y S N I S A N G E L P M E T S
```

Answers on page 160.

He Is Not Here

> And as they were afraid, and bowed down their faces to the earth, they said unto them, "Why seek ye the living among the dead? He is not here, but is risen."
>
> **—Luke 24:5–6**

AFRAID	JERUSALEM
AMONG	MORNING
BODY	REMEMBER
BOWED	RESURRECTION
CRUCIFIED	RISEN
DEAD	ROLLED
EARTH	SEEK
FACES	SEPULCHRE
GALILEE	STONE
HE IS NOT HERE	THIRD DAY

```
F E G I F I C U R C E N S T O N
F A B E A R T N S E P U L C H W
L R B O D F N O L C U D E A D H
I T S F W H E I S N O T H E R E
N H R E L E L T H I R D D A Y D
E H E W C A D C R U C I F I E D
S E M O G A W E Y I A R N E B R
I I E B A S F R N J A R F A O I
R S M D E M O R N I N G F K D H
L N B E E E O U D B N O M A Y T
A O K E N M M S E P U L C H R E
S T S O L L J E R U S A L E M S
U H T U I E H R E M E M B E R U
R S A L L O R R E S U R R E C T
E L E K A G N O M A F A C E W I
J M D F G C R O L L E D E S I R
```

Answers on page 160.

The Resurrection

And when the sabbath was past, Mary Magdalene, and Mary the mother of James, and Salome, had bought sweet spices, that they might come and anoint him. And very early in the morning the first day of the week, they came unto the sepulchre at the rising of the sun.

And they said among themselves, "Who shall roll us away the stone from the door of the sepulchre?" And when they looked, they saw that the stone was rolled away: for it was very great.

—Mark 16:1–4

AFFRIGHTED

ALIVE

AMAZED

ANOINT

BAPTIZED

CAST OUT DEVILS

CLOTHED

COUNTRY

DEADLY

DRINK

GALILEE

GOSPEL

HARDNESS

MARY

MARY MAGDALENE

MEAT

MOURNED

NAZARETH

NEW TONGUES

PREACH

RECOVER

RESIDUE

RISEN

ROLL US AWAY   SEVEN DEVILS   UNBELIEF

SAVED   STONE   UPBRAIDED

SEPULCHRE   SWEET SPICES   WHITE GARMENT

SERPENTS   TREMBLED   YOUNG MAN

```
D C A S T O U T D E V I L S S J O
R E S I D U E X R I S E N Q W Q J
Z D H O C E V T C W B V E X E F D
Y E R T S R A S A S O K J N E W E
E Z T E O T A D E L B M E R T C D
R I E N C L N K L Y B L X J S M I
H T E N I O C E O Y A H H A P E A
C P L Y B O V U P D U K C W I A R
L A I D M Y N E G R E R H A C T B
U B L P E G G A R M E I M E E O P
P G A I M V M E N O T S M V S R U
E O G A V Y A S S E N D R A H O P
S S N U R E R S G U N B E L I E F
T P O A S D Y A W A S U L L O R Z
U E M M O U R N E D A D R I N K M
J L R T J M G P U Y R T N U O C V
A M A Z E D S E V E N D E V I L S
C H Y N T P C Z E N A Z A R E T H
W F T K K C A F F R I G H T E D D
Z Z S N E W T O N G U E S A L K S
```

137   Answers on page 160.

The Resurrection and the Life

> "I am the resurrection, and the life: he that believeth in me, though he were dead, yet shall he live: And whosoever liveth and believeth in me shall never die."
>
> —John 11:25–26

BELIEVETH

BROTHER

CHRIST

COMFORT

DEATH

EVERLASTING

FAITHFULNESS

HEAVEN

JESUS

LAZARUS

LIVING

LOVE

MARTHA

MARY

MIRACLE

PROPHESY

RESURRECTION

RISEN

SACRIFICE

SALVATION

SICKNESS

SISTER

SOUL

WEEPING

WORLD

```
F T M N B B E L I E V E T H O M
R O E V O L J S N C S P D D A P
W D N D S I Q E Q E S C L R S R
B O O L A W T B S Z V U Y I N O
C T I R C L S C B U O A C X H P
X D T O R A S N E S S K E E A H
P E A W I Z E B G R N E V H H E
J A V G F A N U R E R E M E T S
Z T L N I R L B S O R U L U R Y
T H A I C U U S G L T C S G A S
R U S V E S F D A R A H N E M I
O D O I G R H S G R I I E F R S
F U J L W K T P I X P S N R L T
M K R A H I I M S E J F E H W E
O R N R N L A O E J L U N N J R
C A E G E T F W B C H R I S T N
```

Answers on page 160.

Miracles through Paul

Truly the signs of an apostle were wrought among you in all patience, in signs, and wonders, and mighty deeds.

—2 Corinthians 12:12

ACTS

AMONG

APOSTLE

BELIEF

CHRIST

DEEDS

FAITH

GLORY

LOVE

MESSENGER

MIGHTY

MIRACLES

PATIENCE

POWER

REVELATIONS

SERVANT

SIGNS

VISIONS

WONDERS

T I R A L E V E R A S I A L O R
C I Y M F A I T M D M I O C L C
A B E L I W V O B I D S G C M H
E D N O W G N R H W E E A N E R V
V O L O R G H Y E V T R E H S I I
I S E R V A N T O S A L M D S M
S T N R O L G L Y M T N I L E C
I T W O N D E R S S R G S V N H
O A C D I V F E O W E I H A G R R
R D P A O T L P G E G S B Y F I
R E W O P P A T I E N C E R A S
P O W E S T H L Y B E M G O I T
D C L D P T R L E T S S I L T A
E B E S N O I S I V S C H G H M
N E I T A P W C R B E L I E F O
D H L S E L C A R I M R L Y O N

More Miracles

> Jesus said unto him, "If thou canst believe, all things are possible to him that believeth."
>
> —Mark 9:23

BLIND

BREAD

CALM THE STORM

CAST OUT EVIL

CAUGHT

CLEAN

CONTROL NATURE

CURED

DEAF

DEMONS

FEVER

FISH

GOD'S SON

HEALED

HELP

JAIRUS'S DAUGHTER

JESUS

LAZARUS

LEPER

MIRACLE

MOTHER

PERFORM

PROOF

RAISE THE DEAD

RESURRECTION

SERVANT

SICK

WALK ON WATER

WINE

```
J N M H D A E R B T H G U A C
E T R E S U R R E C T I O N D
S O O R T Q J L A Z A R U S E
U D T M R O F R E P K C I S L
S A S M O T H E R G G N T E A
O E E M C L E A N O S A D L E
P D H D L E P E R D C K N C H
R E T H G U A D S S U R I A J
O H M U D E M O N S R E L R E
O T L J F I S H W O E D B I N
F E A P L E H P N N D D E M I
M S C A S T O U T E V I L A W
K I Q T N A V R E S R E V E F
W A L K O N W A T E R B E M S
E R U T A N L O R T N O C I Y
```

Answers on page 160.

Answers

Miracle of Christ's Birth (page 4)

```
K G D D D L R O W L A E R D M I
T G K N T R I B E W C L N A L M
R A N U O M S W O A Y O W O K O
A K B O C S D R R O U V R M I B
E M O E M A L G H G T D D G N R
K A W O R A V O T T O G E B G L
G Y S E N T K H U Y F L E S O F
L C K G T L S L R Y A C V G K F
C O H R S E O O T B E H E L D A
A V R R L G S R E I O R C O W T
R Y O F I G O G A R S I G R E H
G L S A V I O R R T O S Y Y L C
G H K T N T S S T H Y T G E T D
W I U H T O A E H E L I D V R B
N R S E C V M I S B E H E O S D
T B N R I W M A M H S U W L C O
```

The Incarnation of Jesus (page 8)

```
W T R P U B L I C E X A M P L E N
Y S T T H I J S J A L Z V H D L U
L O R D U G N E I O L U H T E L P
M H E C S T V T S N S L D R S E M
O G L H B B H L E E U S E Q I I U
Y Y P T A Y B H A R S Q P B A N D
H L O R N W T P T J P C A H R A R
E O E O D I W O F H U R H N A M E
R H P F U F Q R G U O S E R G M D
M Y S G E E I P E E L U T T I E K
F A Y I N O F J R R S T F G M E S L
R L H I E Q I D S S P H I H A D T
L I E R S D W F T P O E L T N T
B V V B N Y D L T F B O U R L D T
W I A G C I O I E V X O K S O E B
I R S H I B A B E V T R E E W D
S P R X E R C W P E W N N D U
E L W C O N C E I V E D N W S W L
D M J N O C T D I V A D F O N O S
I J K T A P P E A R E D W L J M N
```

Unto Us a Child Is Born (page 6)

```
N R O B S I D L I H C K J H
T H G I L T A E R G K I T E
T W X S F G B O A C A N N C
B O D R P E H U I Y E G E A
Y N S A U S N R O M C D V E
M D H D B T B K N O S O I P
I E O E O H E R U D Y M G F
G R U C L L E N E A C I S O
H F L K P V S K T R A A I E
T U D O O E L H Y K M Z N C
Y L E G L A R N Q N O G O N
G P R L W O J Q W E R I S I
O H O E N O T S D S E E F R
D R G E Y N J G J S S G A P
```

Miracle at Cana (page 10)

```
C O F I L L M E F O W S L
L O W M E J E T S U E S S
A E N I W I S D A L D N D
E T S A T A I W P H D I L
L S E N E D M I Y O I A N
R O U F O U C A T S N N R
E G T O M S F S R T G A I
T U I S I E H G J Y F C N
A E O D R R R U P E E O K
W S P L A V E J Y A S I N
F T W B C A M A Z E D U I
C S C B L N Z P U C O P S
H O I M E T Q M T L B F X
```

Answers

The Woman at the Well (page 12)

```
O N H L Z T M O F K T C E R
N R I T S D N A B S U H U L
O E V A U T E H P O R P L J
I T Y G T R J E A T S E O C
T A F N N N T J T G W B H Q
A W X H H P U N T S X R J T
V B F A L A L O B S I W I X
L N V G I I R O M S R R V R
A B E Q F R C V T C I I E T
S H A E D A A W E P F A H C
H Q P E J X B M S S P C U T
H T E W O S V C A E T I V U
M L A B O U R S T S Z H H P
E D P L E S B H S Y C H A R
```

Issue of Blood (page 16)

```
F A I T W S E E M E N K C I S N
W A M O W L M B E L I H T I A F
A G M M O R U U H G T O U C H H
W A D H A D I S E A S I L A E H
N C W G D W H O L G B L O O D B
G B B S I C K N E S S F C K E N
D O L T R O F M O C Y B B H R R
G L O T D A U G H T E R I U K U
T C O D I R E F A E O G O U W T
H R C H S C B Y E R A H S W W W
G O T H E C O E E I M L R S G E
U W F E A B F S H V L E I I O L
A D C U S C M T H O L E N N T V
D G U S E C O D N I H E B T G E
T O O S D U C E W O R C W S M Y
E O H I C R U O D E N R U T U E
```

Go Thy Way (page 14)

```
O Y U N L L O I O N C S T K B B
H N N E I M E D R A L E L W E E
E C P O I A E P P E E D I L L L
B E U T M S T E E L A U W C I I
R T S O N I U N L C N T U U E E
C E D A N B T R U U S I O O I V
T D E P P I H S R O W T H H M E
F L A T N U O M E H M L T T M K
C N A M O N L L E T F U F E E M
G L Y L E T A I D E M M I B D U
O E H A N D A V S B D C W D I L
T P I A U S I C K N E S S L A T
H R W Y A W Y H T O G H D O T I
Y O I A W O R S H I P P G H D W
W S L L I W I N M T N L L E T U
E Y P D E H C U O T H A N B R D
```

Through the Roof (page 18)

```
G R K B S T F S T A N D K
E L O H N R W R L J M L L
T E A C H I N G I N A L A
G I J G H O U S E E N N W
F C L I M B E D L S N I S
O A R J C C X Y C P C D S
R R I O E M H I A T U G S
G R B T W S A S R S E L D
I I R K H D U T I L E E M
V E E K P Y E S M T L H F
E D O W N H G D S A T O Z
N P A R A L Y Z E D O Q Z
L O W E R E D H F R W X S
```

Answers

There Was a Great Calm (page 20)

```
Y O L F Q G U C P L E H J T D K
V D I X U O J A W O K E E U Z C
A V T A E L C A R I M M H P A T
Z A T O E C W I O Q P C B L R G
F O L L O W O Q M E D E M U D D
Q U E S P I V V S D H Y S O E Y
P F Y U E I F T E O K T R R V N
S S E S E N Z V L R F M E S K O
Z E C E L L A D Y E E T B E H Y
B A L J S S U I D V N D U V M E
E O A P A P O W L E S W K A A V
A S P M I F E A R F U L E W D W
Z M O I P C G O C L O R D N E I
P Z F R H W S I H S I R E P H N
D Y N H A S N I E V A S V Y D D
Q J W H T I A F D E F W L Y C S
```

Go Unto Thine House (page 24)

```
Y G H E K E V I L K W J E S Y K
D W E S S L L H T R A E E H I G
B H A I B Y A H E A R T S E S R
E S L R L E U W I N X O R N U E
H I I A A S E B I R C S A A S I
O C N H S F R T S F R M E Q E S
L K G E P U O I R W F E T Y J A
D I T T H G L M N O N U Y P C E
M B J R E D O T N E L W T A N K
E B Q A M U J O H E V H A H R G
H P B P E G S E D A I I T X N P
Y O H E T T L X N C U G G I F S
P S U D H P S N I S H P E R A J
Z S L S P M I R A C L E H B O F
A D F A E R E W O P S J E P G A
O Y D B P I F G N I Y L K R A W
```

The Centurion's Servant (page 22)

```
F J L Z Y L A R A P P V T S A E
A I C S D E L L E V R A M E A A
I C L O T O R M E N T U L A S N
T A C D E T N E M R O T K D I R
P A R S I B E S E E C H I N G R
J S S C M A H A R B A O N H O P
B I D E Z Y L A R A P R G A T A
E I H N R J I R E V E I D U H C
L W A T L V A L W O R T O T Y P
I O R U A L A C E S N Y M H W L
E R B R E V E N O B A J J O A I
F D A I H J R V T B U D R R Y R
I W S O L D I E R S M T F I W E
A E H N T S E W S A H Z R O O V
D S I S R A E L N Y M N C W O R
B E U E E C H I B G F A I T H
```

The Gentile Woman's Daughter (page 26)

```
G S R E W S N A I O V A E R B K
C R Y M K L D G T D K R C F E C
C A E B R E A D A E D E R E B U
I A S E O L E B N V D D U L N Y
N Y Y E S L O R D I Y N B C T E
E D R R R E O O G L C U L H L C
H L O K G F D T S A C E O B D H
P D P V D E V I V R C U A O N I
O C H I L D R E N E S T G M O L
R B E S O U G H T H S B E D D
Y U N A T I O N H O U S E N R
S L I W T A B L O G O N E O U T
A U C R U M B S I U N C L E A N
F N I B E S O U G A P S A S C L
I D A N S W E R E D T H G U A D
E E N O L S E Y G G O N E O K D
```

Answers

Jesus Feeds Thousands (page 28)

```
M S E L P I C S I D F E W
U L C G N I H C A E T V M
L M C E X A X E Z K Z O M
T P Y N Y C R O W D E Z I
I P K O L B O A T F L Y R
T A G U P A O O R I P R A
U R T G I S Y Y M V O G C
D T U H T K C Y T E E N L
E X P L L E D P G D P U E
S E F V U T F F I S H H T
D E E F M S T W O K M W C
L M L O A V E S S U S E J
S D N A S U O H T E A T W
```

They That Hear Shall Live (page 32)

```
D K A V O I C E W A I T I N G G
B D I B T D F O O G N I V I L X
E D T Y K D S I M H N Y V Y J E
E O C R E W W S J M G I L I L N
R G E A V U H P E N I I S B I I
W F L I E G T C I N R T A I D T
P O C S R Z N N O E I R M H R E
L N A E L H E I V M O D E E N B
A O R U A T M Q R N F A A N V O
N S I P S H E W O A V O J E O T
G D M I T R G H I E E T R R R D
E K L C I X D Q N U H H D T Q N
L N M D N Q U C P A S S E D E R
S B E Z G T J B H T E R A E H U
F B E L I E V E R S W U T A G O
C O N D E M N A T I O N H R J H
```

Ten Lepers (page 30)

```
I V I L L A M L E P E K S T O O
U H A E A E Y T O Y H I C K N E
N D L F R S P P D I S E A S L N
L E O C A E R E T S A M H U N E
I L Y O L R I I K O E R K Y Y M
L A N S E J E F H L I F T E D G
A E Y T P N S G A L I L E E Y O
G H N O E P O S I C K N E S S R
O E R O R P U A L L C A E J O M
T T A D S R U M A E S L E I J E
O F M E E I P A F A C R E M G R
E I A J M E R R H N U F H A A C
T L S F G S D I A S P E L S N N
Y P I A A T U A A E U L A T I S
L V O I C S M L G D I S E A S E
K S E C I O V E V V P U H P I O
```

They Saw Great Light (page 34)

```
A T T T H C B C T T N D N I M F
Z D A C N H D E N S H E N G B U
S V C E D E A E T R V G T A V Y
G I M W R C P E A A I J I S H J
N Y B I H G H E E T E I Q R I C
I Z F I L P G H R S H E U T B L
M J N H O A M M U A N R E P A C
O G P R T P H S A Q W O D A H S
C S P R P E G T D A R K N E S S
M F A T E O R N H Z A O A Q I R
O Y U H O A E A U P A I P G M E
D E X G B C R Z R E B U B D G
G A L I L E E H Q A P N U V O I
N X U L E W O R D A N S I L J O
I Y H X S N A D R O J U N H O N
K J A X A S E L I T N E G J P N
```

Answers

Two Blind Men (page 36)

```
A H D M S G R A H C Y H T I A F
Y M E F D S T R A I T F N E P O
S E N A B I V A D F O N O S Y S
T I E L L Y V D R O L A E Y V E
N L P O I C H A R G E D F L Y E
U E O R N E P B D E P A R T E D
O B H D A D S R M F C L T I A F
C E M L E E R O O O O B O A L Y
T C E M Y V D A W L U N T R O M
H D R E W H E D T L N S O T C A
E F C Y P O P I N O T Y U S R B
N B A A I H L E L W R H C N Y R
C D R M O N H L T E Y O H R I O
E T M U E T G H O D B U E I E R
D A S T W O M E N F D S D H W M
F E O T O U C H V B L I N D S F
```

Who Is Jesus? (page 40)

```
T Y I B B A R Y P G N O G B D
D R O W E H T Q E R K O C L Q
B I L S G B K H E C O X R S H
R S V Y O K E N H D S O Y G X
E J C A R G I F S D W T M N E
A B C S D V O H E E H S S I M
D R O L E F E L H L T I O K M
O Q U U J P O T T I U R N F A
F U R Y H M F N F F R H O O N
L T A E A O G S O E T C F G U
I W R S T H Q V R S A G G N E
F D T H N A M F O N O S O I L
E E G C L A M B O F G O D K U
R I J Z L D T P D Q I U V S J
L O Z N O I T C E R R U S E R
```

Arise (page 38)

```
T O U C B D D T F E A D S A T U
H H D H G J A U O D E L I V E R
E B C I D G E V J R E G I O N O
S C D U S W D H E U S E B G W M
I L A D O C O V T M D P T O E U
R N R R F T I R N O V A D A Y R
A O N U R L P P C U R I E D G C
L P S O E I V K L R W S D A I I
M N I D I S C I P L E S P T R S
S A R P O S B W W E E P N E O A
V I A R O R S I I P P N H N A A
S N D O Y S A A K D N T C F C P
I A S P E A K E P R O P H E T M
H A T H P D E A F M T J U D A O
C D N U T E B I E R O L O R S C
Y T I C P D E I R R A C W O R C
```

The Withered Hand (page 42)

```
R V N U M M O C U S P U E S I R
E I O B A G O O A L H T A U G N
S D H A D G H B D E S T R O Y O
T E T H N M B C A E V I L Y P I
O R R R E A P L T T N E A F G T
R O O N T A E I P E S U W I R A
D T F H F D L F G S R N M M W S
E S D S I S T E E W N T I M H U
R E N V Y E C E S A V E S A O C
E R A E V N S R R E Y A N D G C
H R T I S I A L I T I D I N O A
A T T S P R I I G H B S P A E O
I H H A R F R G O B E M G S D H
W O H G I R U A N G O S A S B A
R P I B I A L A C C U S A T I N
W O L S T R R T S E D E T B M E
```

Answers

Forty Days in the Desert (page 44)

```
T H H F S A I A S E P A L A W S M
W O N S E A C O A S T T U L I R E N
P R O C E E D E T H I E N L E H I I
I A S F N I A T N U O M A K I S R N
D A I G G L O R Y O I P T I N R I T
D A R K N E S S K O C T I N R I T E
V X P R O P H E T Z K E Z K E C R R
F O R T Y N I G H T S R K D E C R D
I T I S W R I T T E N H W O S T E
G N A Z A R E T H S Y R E M S G D
R C S D N H D P N K S E K S L S Z
E X C E E D I N G E L J P I Y L E
A G T T W O R S H I P A T A W A S
T H D P D E V I L G L E D O C D A
L I W M S S V A U S J Y R S G E E
I C G E E P G C Y C T J L L V R S
G G T T N D G T O R M E N T S G I
H Z Z N O S O N O F G O D R K N D
T M O U T H O F G O D A E R B U E
I W M L S I C K N E S S K D U H W
```

The Nobleman's Son (page 48)

```
A B E L I E C P N J E K O P S G
N H E T R U T H H P U C H R I A
R R S V W Y H T O G O D O V F L
A P E I E N D R O W R W E S E I
P O C H G I A G H E O E E A V L
A W S N T N L V V E D U J R E G
S E I A C A P E R N A U M M C O
R U K E I M R E W S Y O N A E H T
E O N L L L E I E O H F O L H Y
D S E B D W I R S H R F S I L W A
N E S O O E V H T T S I S L D E Y
O B S N L A A E C N P C P E E A T
W I D I N K V T G T O I O E A T C
D E V T H I K I H D J A K N T C
E E S G L G S H T A F L T R U T
```

Rivers of Living Water (page 46)

```
F H T W V I U E S C R I P T U R E S
N E V H G K Q O A R S T T C Q E L Z
V N A R I M I M M A F K O A L A F L
H K E S V R J I L E L M R P N G B L
S A W G T V S V N H F W M R Q N Q R
T S G P Q O A T A O P E E W A I E K
X N S N R T F H R K T T F C N T J N
R L L E I O N T R E J X V A S L I
E E P O N W P U A N I Y Y H J E I
G V D V E O H R B D R G R M L M D
L R D W E E V L E Q E N I J D R R
O A G B L I A I F T I R P P O E I H
R M F C P Q R Q G V S T N K S V V P
I D M Y F J Z C I R R Y Z A S E E W
F H T E V E I L E B O S V S C O R A
I J R D H E A V E N S F V B M L S W
E Q G A C O J E S U S Y L L E B E W
D C S E K Y E L C A R I M O Y J H S
```

Miracle of the Fishes (page 50)

```
                    L O R D S
                  X   P R U
                N   E A N
              H F N E U
S S A         T O I I T G E G W
W D K       M J S P S R E J Q H M
O E F     U T H L A H A N E   T O
O R H D   S L P E O J P E P N S   J E L
L D S   S E J I L R I E U A G E S K
C Q T I   R S N P O S L M N S B D J N V
C I R S   N O R P L E J A M E S O F
X T E P   I T A L N D R B G M I
U T I   D S Y E M E R I Q
D E H     A E Z T S
E P S       W D A U
              S O N S
              L A K E X
```

Answers

Fishers of Men (page 52)

```
B G A G Q S A B L E A D E R C G
R S E C I Q P O A F S N H O J A
O C E M A P E P R C M I V Y Y L
T S O A A L O J W W E R D N A I
H N U T Y S L L D L C V L X W L
E H E S T U F E P L T I C W T E
R R E L E I P F D H A E G V H E
C T E A S J Z T Q C H B N H G K
N S S H V B R E T H R E N N I X
E T E I N E S Y Y U R N I N A C
M R P S R E N V J L C T G W R S
S H U L M H D R E C S D O O T A
U G J A G I C K H A O R M R S V
R K J W U G A D C M N S C D T I
K J M O S M F O L L O W U Y D O
W G N I H C A E T P R E A C H R
```

Herd of Swine (page 54)

```
C Y I B S R A D D N S W I N E W
O H C B E L E E P O D E I R C P
U I M F L V H R S L F S T E E P
N O F A I S D O G F O N O S T H
T U F N I P T S C I T Y E O E F
S E G R E O O O M E H S M R I L
B S E U R L U H M R G B D E Y S
T P V M O N L S S C U D R A L L
H L E C T B S A T E O E H S T I
F N W R I D E L F E S S B O N V
T F Y I E P T B E E E S E N E E
S E N E S E G R E G B E H O L D
S E N D R R C I D E A S O F O Y
U D I O H I G C I A F S H G I M
F I W U T S R D N E L O A E V S
F F S T P H M Y G V E P M P R M
```

Healing a Man on the Sabbath (page 56)

```
K E A W E S I R A H P K F C S F
O F C C F R S C A I F K C H S A
O L P A A W Y E D B K A T B P E
T I I H E A L E D A B A I C A R
M T Y M A P U R P U B A R T K B
H N A K N R O S M B Y B S G E N
E S U O H P I E A N M P W U C R
G R L I S L D S I C K N E S S L
L H I Y W A W L E T H I M G O O
D R O P E W S A A E O C A E P S
Y F C R M F A W S W S U M I I L
R L B T H A H Y U H F I C C H D
Y I O N O E P E O L H U K H L P
O H R R A U P R H T S N L O P P
O O T L D M C S E I E Y R O Y B
B A E N F U T L E Y W A L G L A
```

Miracles by the Power of the Spirit (page 58)

```
J V E V I N L S A L V A T I O N
S P I R I T O F G O D W B H N B
L I C S E E S I R A H P F E R A
E S L I V E D E T K O B R O U S
M X D E C A S T L A Z D U X Z A
D Q O R D B U X W F L G H P H T
O H I R B U S K J I H O S U X A
U E D I C U D V H T C D S B A N
B A Z A I I B C D I V I D E D H
T L P E E H S E F J R W Q S D Y
E I V H O L Y E Z Y K T U S H T
R N E M E H P S A L B S E E O I
S G D M I R A C L E E A C G U C
F L E S M I H U D J O E W D S Z
K I N G D O M Y D E U U B U E A
U W E H T T A M F M T B U J C S
```

Answers

Everlasting Life (page 60)

P I W S Y T Y G N I S S E L B S
G J V G P F D R W A T E R G C B
N E B T I R O P R A Y E R V N A
I S H I N F I G E D F L C A H P
V U T R Q Q T N L V U F T O J T
I S E I R A D O G Y E I L L Y I
L N K P W Y V I M I R Y A F Q S
R U N S S I H H L A N N P O D M
E L I T N O O E M Q R G T L W Y
V U R G S L B A H E S H A L F L
E O D K I E S P T X I Z L O A V
N S K N P D T E R R L M V W I Q
C B E V E R L A S T I N G I T L
V S W E L L R T E C J G V N H H
S M I R A C L E F R C S H G E J
S Z W N I A G A K J G U B Y Q U

All Things Are Possible (page 64)

W E E A N G I M P O S S I B L E
V K R L W W G L D W X S S T I E
K B U L V L N A U M W B W B W N
I R S T K D I R G F E U A U U T
N E A H E A A E A H A P O Y E I
G I E I S O X A S D W T S D B R
D S R N C L W T L E N E I U S I
O A T G C E O D A V L O E A R P
M E L S N C L N L N P A G W Q F
H K O C I Q T E I O N T D D P J
K Z O S N H N C M I Y D I O Q E
Y M H U Y E S G P A L E W O K S
E E J M E I V E U C C E B H N U
D O V D D Y E A R I C H E S L S
N I L B G K C S E L B I S S O P
V E F E A R F U L H N X B M V L

Jesus Withers the Fig Tree (page 62)

T G W A F M W C H M B A M L M O
R F C R A E H I Y E D O L O D A
E L L E V R A M T W A E R Y E R
P D G N I N R O M H A R N D R A
P I N R O M H L A V E A D L E F
L U R T C L F D R S H R G I H A
B P Y R G N U H V T T R E E T M
Y E I D S I G S E L P I C S I D
T T B C R F Y B L R E A I G W P
N E O R S O I U L E E A H U Y U
H E O N I I L G E R T A V T R D
A A H A N T D S D I O E F E E F
P M O R R O W Y U H C L M T S B
L W A F A H E R E A F T A I E A
Y M H A P L F T F I Y S N C H R
R F G N U H Y C H F D A O R T Y

Simon's Mother-In-Law (page 66)

N W A S A H H O J J I M O T H P
M I N I S T E R E D T U R T E F
O P D J Y R N A L A E H D G I J
T P R A N U T E L I F T E D W K
H D E M A T E T E E R Y P H I N
E F W E G H R F N E R R E C F H
R L H H O O E P T S D V T U E K
H L O O G I D E F N E G E O T K
O U L N U P P W A R V S W T S V
S S I J E S U S U S E O O I I U
N Y F A S I E E I W F V C N S P
E N T M W M P M N S I K E E A F
W A F E N O H C I T I F J F F H
K G S S L N U C R K E H A N D J
C O L M R A N H O J G R L W W I
M G R E T S I N I M N A H H G R

Answers

Healing the Sick (page 68)

```
S Y O H I M S E T R U T H W O R
S N T R U T P O S S E S S E D G
E A S B Y R O H E A L I N G A H
S M A F O S S I C K N E S F I
S R C P P M U L T I T U D E S M
O Y H O T I M R I F N I B L I S
P E K P K O P S M E D R O W C E
T E D K G O P P R E S S E D K L
N S A I A S E I I E L K N T N F
D E L L I F L U F V I D A V E P
V U N C L E M N N E V V M V S I
K T U O T S A C I N E U E H S R
S P I R I T S L R I D N E D E I
L L I F L U G E C H I A O R S P
P R O P H G L A I N L F A L A S
O P P R E S S N G I H B E S A I
```

The Blind Man at Bethsaida (page 72)

```
Y A P K D S K I N G A I W N G O
Y C R O O A M O A D H C U O T B
U A I O T W P L I S A N H C U L
W A W T T U U A U O H T W P P I
A R S I S S S R S G L T O O O N
L R P M M H S I A N U U E W T C
K S C H T E G L U E U O C B T P
I B T E Y H N I Y G L I S R L P
N M B E S O U G H T S C E E E M
G C L E A R L Y A W A E P E B K
R M I E Y G O T N W S S G Y M O
O G N A D U O O D P Y T I L S O
T W D E G K K O S G A D R G D L
S G Y H T R E S T O R E D E H
E E T K C S D S P I H A N D E T
R N U I K L A W B B M G T O U C
```

Get Thee Hence (page 70)

```
W N Q X M U D Y F B S V R D P T
W R I T T E N N T S H E A L D S
N H T E K A T Q E L S T P R H A
E A H R E Z N N S I A I Q O J T
L J W V O C K L S E H Y E W Y A
U J I X Q A I T X S R E O V H N
R G O S E S A P R O K V N L A G
M G S W T N P O M L E L E X E X
O H E E C R W E X C E E D I N G
U I N E D R E G J H E N C E M T
N G W X D R E N V E X V Y B O V
T H C O T F O W G P S D E V I L
A O W O N L Y L O T F U V B J H
I N Y R O L G F L P H G S F A S
N O I T A T P M E T O L L A F N
S I C A F R S M O D G N I K J L
```

Feeding the 4000 (page 74)

```
S H S L B F A F D F S K N A H T
E M R S I I P U T I V L U M G S
A O M S E D S O S B S T G C A I
A E H U R L E T A H S C B E V L
N E S E S N P E E A T E I R E E
S F M D E L L I F K U T V P A F
N R N P V F K S C F S H N A L K
A L D S E P N O I S S A P M O C
E L E L N H R S V W I N B V W L
F L I F I O H C H I L D R E N B
F O U R T H O U S A N D A M V A
V T A E M I C G A V H G K O A S
E A W I E S A P M O C A E W O K
E S E V E K W O M E N W V T L E
B N T T A E O T G N I H T O N R
A L L I F M U L T I T U D E I W
```

Answers

Not By Bread Alone (page 76)

```
Q D Y G J E K T E S T Q T M U P
K E H D H A I C N E T T I R W S
T V U M T C N W N L W W W T Y F
B I N T G E H S R I I D R A A Y
T L G E N C T M W L G I D S S E
I H E M E U T V D E A H T I N P
R T R P R A R E H L R E T O R T
I U E T T A R D E V D E L S L F
P O D E S N O F E K N A D X C N
S M G R E G P R O C E E D E T H
M I P S F B X U D R O W H H S F
X T S O U C O M M A N D W E O F
M Y N U V T M U L W O O N R M W
U O O V S R T D U M Y O T A X Z
S U O H D E S E R T T Y N Q Q M
A G B R T Z J D K S A D A E R B
```

Walking on Water (page 80)

```
N R T G X D Y A W T H G I A R T S
A E S E H T N O G N I K L A W N C
Z M A B E G A N T O S I N K C O F
Q B O S K C E N J D Z M Z E N D T
N O H U A H T I R I P S A S H U R
W I N D N C P N K G P S T X O A D
P S C O N T R A R Y E R V D E E I
D T R Q M A A T S D A W E F L U S
O E E F U W C I R I P I M B D U C
G R E K L H K O N U R E U F I X I
F O H A T Y E S C T O U E A D P
O U C U I R D A K F R H T S R A L
N S D N T U C I R T P Z R U F E E
O X O I U O B O I P P F A S A R S
S O O G D F S Y K B O P P E T E R
B L G H E Z V Z B X N T A J B K V
D I B T S W O R S H I P P E D O I
```

Jairus's Daughter (page 78)

```
C G G Z K Z B L O O D B R N
P N C A H T E P E E L S D K
E I G T R X P E V L E W T G
L Y E N I M K D K I V H G I
R D F L O G E P Q D Y L M I
E T E S O R N N K L I U H D
H G U I K H H A T R C A A K
T N G L N A W T R A K U M I
O F O E R K K E H I G D O R
M W O C N C M C T D H S H R U
K O A C P R I I T A M E E L
J M N E R L K E E U M G E L
B A Y Q A J R A J V S D R R
K N S T F A T H E R Y S N A
```

Jesus Made Me Whole (page 82)

```
I T T A I D E M M I C A N I T O
N D N P L B E H O U W A U S E J
F A E E D T P A R T M W E J M C
I T D L T H T E M H C I H W P F
R E W S A O D S C M U L T I M U
M M D A E E P I N F I R M I T Y
I P L B L H H M U L T I T U D E
W L O B U W T M I O M O N N I S
A E H A T A K E U P T H Y B E D
L S E T W J F D B I M P O T E E
K J B H M C S I N N O M O R E P
F L U F W A L A K S E H T E B A
W S U S E J J T M C L L C A R R
A H Y H T P U E K A T A O Y L T
L M S A B B A L W W H O L H I E
E J C A R R Y Y A S H E A L W D
```

Answers

Healing a Child (page 84)

```
H D D P A R T Y T R E V R E P K
R N M K S K G S R E L H I I A F
O D E K U B E R S E V I C A A N
R U O H F E N E M E H V V H Y A
E X E V F T E N E S L T D E I E
C K D H E A R O R R C H I L D L
A D O R R W A I C E A U T H E C
S U I F I R T H V S D R I P N U
T M E R C Y I A T R T E L E A U
O S P I R R H R I E O V P F R F
O H D L C O D E H P U I I V T I
S L R E W A R N E O T A C E E R
U I W L X E S E L P I C S I D E
F E O O B E T G C R M T I D T C
F N M U H M V E N U Y U D M A P
G N K R E T A W U C S P I R I T
```

Temple Tax in a Fish's Mouth (page 88)

```
E G N A R T S B Y T Y L B R O H
X O E C E I P F E X A E O P E N
F M A T U O M M Y P P M O N E Y
C I G N C E P S I P U A O F R Y
O E S E X L E E U A A S C U R H
B K M R E A C U N S N T U T H T
L A C D H H N R R H E E S G P H
O T N L S Y E E D N O R T D C P
O E V I G P G R O K H N E G A T
H F F H A N E M D G C N U V P R
S S O C A S T Y S L E A I U E I
D O C R U U T Y N P I G S R R B
K Y T T T S U R O T E H T N U T
M S A S K S T T I A X H C E A T
U K K K H P A O B B D A T U M E
L C D N C H F M M Y U O T L I P
```

Because Ye Did Eat, and Were Filled (page 86)

```
P T L T L A B O R S E E K I N G
O K N A G N I T S A L R E V E V
P F G E W D K T E I F E W C L Y
Y A N M M S E N U E S I S O I P
P T I O O L D L M P T L E M V R
R H T M G U L U A N T T L O I R
O E A M R Z A I E E W S C S N I
V R E E A N Q S F G S A A E G S
I N T F R N S C C L B E R S Y H
D H A E W E N L D M U F I S D E
E W P M S J L A O E X F M N I T
K A D M F E P R E A C H I N G H
C U G F Z O J X U M V E X N L R
Y L I R E V N Q F N U E P Y L P
D T R E S E D O B C U O S B A T
I B B A R S E O S F I S H E S I
```

All the People Were Amazed (page 90)

```
P S P A K O E S I R A H P B Z F
I V E D I M W A S E R U L A F M
S P I R I T P D P H P I M A D D
P O S S E S S E D S N A I N R S
H U N C L E A N O D P T H V O S
A E L O A W L D V P O A T W L E
R W A R F S P O E P L A K B U S
I F U L O D T B L I N E H E F S
S H N N E L A O S P T R U T H O
E Z C S A D M V U P C F M Z L P
E M L H T I A F I T I A F I Z D
S A E R M P Z W C D Z R S M E E
B S B L V M E L T O U K A T D V
R A L M N U D L A U R N U U O I
A O U I U T Z E S E R M M R K L
S O N O F D A V K B H T S A E Z
```

Answers

Jesus Heals a Crippled Woman (page 92)

```
D T H H C D D E T H G I A R T S
O H A S E W I S E M G N A B R Y
E N D W M H D R H T A B B A S N
D I O L Y C A E F B B L E R I A
R B O U T U U H C A I Y W E I G
F R E I I E G C S F N P S T N O
D R A F M T H A T E U O E H F G
S I S I R R T E E T O D W G I U
D U P R I O A T F L P N S U R E
N A I O F L H I N A M O W A M N
A M R L N G L O R I F I E D I L
H O I G I M M E D I A T E L Y L
B W T E S I M M E D I A T T N A
O G O G A N Y S C A L L E D E C
W S E Y N E E T H G I E I S I W
E H U I D E S O O L G I A R T S
```

Zacchaeus (page 96)

```
U D B C U N D Y D D P T H
F R J S O W C E E E E S H O
U O P U Y O A N M T O H U
D L O S Y D U O O A P O S
O H O E Z E S M C E L R E
W I R J A M X E L H E T W
E A T A X C O L L E C T O R
A T R E C C D S W K M D B
L S E V H C I R C R O W D
T E N A A Q D E B M I L C
H U N S E O H C I R E J S
Y G I R U L E E R T Q V O
B Z S J S A L V A T I O N
```

Miracles in My Name (page 94)

```
L T U M L I G H T L Y E Y O Z F
U U D B D R E T S A M F A X R T
Y D E E N Z P X H Y S L I V E D
F B J O H N C A S T I N G P C P
O L E S S O N K N O W L E D G E
R T N N O I T S E U Q E Q W B P
B F D K Y T I R O H T U A I Y A
I S K F S N F H G J H Y T L H D
D P U L O W S W E S O M Q H I E
D R N T I L N E U L S S L U Z L
E J I A S V L A N I C E P S X P
N S N G M N E O C I A A U E K I
T R U T H E I R W D L S R H L N
D T A D C T O A E E E O Y I X G
B C I M Y X X R G J T D H L M P
L K C L E M E E G A A H I C B I
```

Lazarus Sleeps (page 98)

```
L L V N R A Z A L L G F O N O S
R I E S E R E H Z J E P F Y C J
D D G V N K E G R P S T V N U N
J I W H A I F I R S L U U D V S
K J C W T R K L U Y E W E S A L
S H A Y L L G L O A E D O J R E
J U D E A I Y L P D P G Y S G E
R K R F E S L O E R S P O I I L
P A W A I R N R I U U N E C U S
G W D C Z Z I D T O O I K K F U
A A K P P A A E I F R I E N D S
S N K R A D L J G F C E U E D S
E S I L K R P O R O L T U S Z J
P Y Y L E S D S R E T S I S E O
V G I S F O U R D A W I O W V J
A U T F N L O G F S G S D E A D
```

Answers

Healed by Touch (page 100)

```
T N U O C Y T H E Y K N E W P N
K T H G I A R T S R S D N A L I
S T E E R T S C H T I H I C G Y
D R O B T S W A O N C C A R R Y
M H K D H N G R R U B B E D S I
E W H I T H E R S O E V E R M G
M D P S H E N M T C S I V A H E
R R D E E O N I R E O L I S C R
A E E A Y S E H A A U L L E U U
G G B S K R S S I R G A L N O E
C I E E N E A T G E H G A N T L
I O S A E H R R H D T E G E L O
T N O E W T E E T R A S K G A H
I B U S H G T E W O T O U C N W
E P G I I H L K A B W H O L I P
S V B D M W Y N Y D E R O H S S
```

Go to the Pool and Wash (page 104)

```
C T N S R O W S B O D J J G M M
T H G I S V V E P T D V D A E R
G W A S H R L D N Y M N O H A H
O B H G I E N E H T T L I B A O
B B S S J C C R C M I T W L C R
L M L U I E R E U S A D E P B Y
I N L S C I Y W A S H E D W O T
N E A E W V S S P I T T L E C P
C S E J E E N N R E C E I V E D
L S H N N A O A N O I N T E D L
A B I T M P A S P S B O A D B R
Y E C G E O D E L A E H B B E P
C G O N H A N O I N T V G W G E
G G L L J E E P O O L Y S I G N
M E I P D C C O P A N N P E E M
M D S P T J E S U A A C L A J N
```

The Way, the Truth, and the Life (page 102)

```
V G B T S H T S N O S S E L X Y
L O F Q R K X J V L M U G O C F
Z S X A E U N O I T A V L A S E
L P Y V T O T O C B L V S S N I
T E S Y Y H U H W U W N K E E L
R L E E A M E K F L O Z F E V E
E D L I S W I R Z I E A D W A B
H O P H L A A R T U I D B T E T
T U I F I E M S A T C H G W H G
I B C A F H E O H C O O N E N D
H T S M E U B F H L L H M I B R
W I I Q K U T Y T O E V E U O
H N D L K L M M P J M O S R T L
J G J Y U J E S U S L W W B I H
N Z A Y Z T E A C H I N G S U V
S D U S P I R I T S K R O W Y S
```

Ephphatha (page 106)

```
V A E H P N I S H D N A H I P S
T D E A I S T U T L O D P N E T
H T H A P R T I F T E S K A P S
G C L A I I P I A N T S D U M B
I P K N Y S N H E R T O N G U E
A E G L D G P P I R L O O S E D
R V U H E H O F A B W S P S M N
T M I M P E D I M E N T P P I D
S D F E B P G N U S I G H E D M
N E V A E H A G L E E E G E E F
N D U M T P L E T E D E I C P A
E I R W H H I R I C G I S H M E
P B A G A A L S T H S A S E I D
O Y E N S T E Y U O O R L A B H
E Y Y O I H E M D U O B A I M A
B H A W D A P M E P L A I E L N
```

Answers

Cast Out Devils in My Name (page 108)

```
H U W V C V N P Q S H V K I I T
C D L R O W W H X K V N V G T R
P E G Z G U G C F X I B F A F U
P R J S I C K A E R F M I W B H
Z U M S G D V E D S E U G N O T
G T R E S U R R E C T I O N P T
O A W Q B D Q P S C D E Q K M M
S E C X E F N E V T C E Q N G S
P R N V L W O L M P N D A D A E
E C I K I F Z S B A E E E D G W
L L C A E M Q T P Z N N P R L R
S K A E V J X J I V M S C R W Y
Y P S P E C D T A A M O A E M S
G Z N S R A P G D Z A H M V C S
Q O K V S A S F O L L O W H E F
T W O H B U G E S N G I S T B D
```

Take Up Thy Bed and Walk (page 112)

```
W T J H E W K P D E L B U O R T
V O S L S L M O N E V A H I H A
N P D A A Y T I M R I F N I W K
Y W O W E W P E L O H W R H F E
T I O E S F D A S E A T O A F U
H I J D I E I L P J Y L R V M P
G N E A D S E H T E B J E E L T
I F R E W E S U I R F Y S N O O
E I U J E M E G M U Y H J O O P
Y R S E J I H W P S W T E M P B
T M A P S T T A O A E P W A S E
R I L P Y G E T T L T U S N A D
I V U E V N B E E E O E R L E J
H B A T A O R Y N M P K E I F J
T R A S H L L I T T M A R I S E
S T E P P E T H Y R I T G N O L
```

Never So Seen (page 110)

```
F M S O S R E V E N L B U N N L
P R I N S M R O H E B D K E H L
T M M U T U U D A S K I E F T E
T R U T G L M R P G H S B A B V
F A I T H T S A H K O E R I T R
V K P K E I K L A S D A O T M A
E M M U D T M A R V E L L E D M
S U E S K U H E I O T S A C I O
I L C P B D V D S I C K N E S S
R T N A T E A A E A A E E V E P
A I I K N S H R E G S N L L A S
H N R E T P H O S D T K I B S O
P U P R L B H U L I O C V H E G
I D U A I M E G V D U I E E T K
H T E U G U B E T D T S D A G R
H H M A K D D L E P S O G E F P
```

The Man in Capernaum (page 114)

```
C A P E R N A T H G U A T E R Z
D O D E I R C A M A U O E T O N
M N C A E P S Y U D M L R W W A
M O V W G A L I L T I M D H D Z
S R O I S A B B A L H D O R T A
Y P C A P E R N A U M O O C L R
N U O R U H Y G R R Y W R O D E
A N M P I T D T L O U D H I E T
G C M O Y E H O L Y T D H W K H
O L A W Y I D O C T R I N E U U
G E N E M E E O R D R P W L B N
U A D N V D S B U I R E E W E C
E N O I G E T L U T T I B A R L
T T L U T S R S U O L Y N U C E
K S A Z W T O T H R O W N T K E
N T L P O R Y Y G H T A B B A S
```

157

Answers

Lazarus Come Forth (page 116)

```
A L H R R O F W S E Y E N P H S
S E L A D K V B W O K W E K D R
T T M A L S E N A W A Y K Z C A
O K E O T T D R A E H P O T N E
N D U O H C K N A H N O P W A H
H D N A C R L A Z A R U S A T S
L E Z N Y A I F Z T O E I R C A
S T A N D Z F A A P F A T H E R
R T H T B S T T W B E L I E V E
T C C T N L E H A E M O S H L S
N O R F C A D N T T O A P P U U
E M I I U L T M Y H C Y R L O D
S E E L O U A S Z A H P R T E K
L F D B E R S Z R N S P W A H A
U O C Y T H A N A Y V D E A M A
Z R E S E I L E B R B P O E P P
```

Mary and Martha (page 118)

```
D E S I A R A K I T C H E N
S Z J M F E Z R O L L E D E
R S I F S G S I S T E R S T
E Z T U S D N E I R F M T S
W Z O O Y N A H T E B E U I
O H K Z N B A L I V E V R L
L J S U S E J D J F L R B O
L M Y K D S R E H T O R B I
O I R L I F E S U H V G C A
F R A T O M B M A R Y E K J
W A M A Z R E N N I D E A D
Y C A H T R A M L P Q B C L
U L H H U S U R A Z A L K B
X E H E L P G N I H C A E T
```

The Love of Christ (page 120)

```
N E V A E H G R A N T O P B
L L S T R A E H R U O Y F E
O F O H T P E D G N L U Y K
E B H V E P C A T L L E W D
R I C H E S O F G L O R Y C
A B V T O O Z F N W K W G B
Y F R W K Y F E A G C H I D
T L X E B N S C H T T G E Z
H X I O A S E D H G H D G H
G T W M O D E E N R N E T A
I B R F A T T E S U I I R Z
K E I G A O F L H O A A S U Z
H O U O E J F R B F W Y T P
D W R J I Y G A T S I R H C
```

Thy Faith Hath Made Thee Whole (page 122)

```
T W N N E N I N G N A R T S M G
I O L R F A C E O R F A I T R G
F F L G R A T I T U D E I A K W
I A O L E A E L H N N R T R H R
R I U O T R N O Y M A I E D E N
O T D R U I L U W M A G E T L T
L H A I R S E T A U N L U N C E
G C W F N O P S Y A A R K S L E
G T L I E P E S R E N D T K E F
L O F E D G R T H G A L E N A S
G A T D A E S A M A R I T A N H
C O D H S N L I I L F W L H S W
T D N I Y I S F A S A A H T H N
H A R E O W H E A R E H K O G D
A A H P D A U E D H P D L H L E
N O T E N L E P E C H E N L H A
```

Answers

Miraculous Catch (page 124)

```
A B M I B U T S A C I R E B I T
L L S O K T C I B R O K S I M O
P S S O R H S F I N D H S I F E
I H G H I N M T M O R N I N G P
C O P L I E I E F I S H E S E S
S R D M A R F N G E P R T M C A
I R T T G O C H I L D R E N O L
D N B A L H T I B E R I A S A S
B E R K O S I M O N M C S U R E
B G O G I C G T F R I G H T S I
R K K D I S C I P L E S N A P C
E K E I K P A O F K U E E B C D
T C N K E S U R A I I M K K A E
E C E S A H G I C L R R H E U S
P R A E A I H F M I S E R P G B
B T S S G P T F I N P B C O A L
```

Lesson of the Fig Tree (page 128)

```
S E P R A Y S E L C R U D L C N
A L L T H I N E V E T O L A O V
I N H E F I A F Y I U S S D O I
G W S E W V A A G B E M A M G R
T I U R F I R O A V V C E C Y E
I S P T T P G F N M B R E R L V
D W U H W H A T S O E V E R I F
O H T U I O L L W U L R P E R R
U A I R T W L B E N I E D M E U
B T A H H S T E R T E C A O V I
T S F R E O H L E A V E O V N B
C O S E R O I I D I I I W E E E
F E P W E N N E E N N D U D H S
A V B S D G G V T R G O S W O H
L P H N E B S I F A T N U O M R
C G I A W L I R E H T I W G I F
```

Sight Restored to Bartimeus (page 126)

```
F O L L O W F D W S S C A E P R
L P O N T A B N A U U S N V W O
P H D I I E G A T E E I W E Y C
W M M T G L M M S M A G I Y H G
O A H G R G B M A I M H L B T O
E M I T R A B O C T I E E D O T
B N D E V I E C E R T L B E G H
G T D N I L B E C A S T A W A Y
I E R F A I T G I B W Y V O T W
W F S O N O F D A V I D A L A A
B H A S F S E C G R W G D L I Y
M O O M I M G B A D M P F O D E
B C O L M G O L R R R L E O F E E
D C M I E O H C M O O A N L M G
V I E C E R C T E L R C O T M G
V H L B E L I E F W L E S E I I
```

Jesus Heals a Servant's Ear (page 130)

```
S D I S N E T F E C S T H S B V
U P T R N N D S I A E E T G U E
F K O K A I S U R M V V V A I B
F W R V S G J H P S V R A A E R
S A R A C A P T A I Y S E T T P
D E D A R K N E S S R E R S S S
S U H E A L E D R E T R M B T J
J A C U T O F F D E Y R I G H T
E H T K U S I L P E D L E K R V
T T J H R B E T R A Y E D E M G
O E T U U F A R H P D W T T Y W
M M O C D S R B R N R E F F U S
S P M P U A F I C A P T A I N S
Y L S U U T E A V R C S B U I B
K E C Y G S O U R T O U C H E D
E N F D T S W O R D S H E A L K
```

Answers

Easter (page 132)

```
W X E E N A M E S H T E G Q R
S R S E L P I C S I D O J N P
M E E S T Y T R E T E P E I L
L V M L I F H U E N M C E V I
A O A F N I O N Y O S I N I L
P S J B V C R R A I Q F E G A
J S E E A U N I R S U I L R T
E A S T E R S S P N T R A O E
J P Q R B C A E S E Q C D F Q
C U R A M N M B C C T A G J O
E X D Y O E A S B S R S A E S
M C M A T V R I E A G O M S E
P G T L S I Y R L L S T S U P
T Y T R I A L R R I S E N H S
Y S N I S A N G E L P M E T S
```

He Is Not Here (page 134)

```
F E G I F I C U R C E N S T O N
F A B E A R T N S E P U L C H W
L R B O D F N O L C U D E A D H
I T S F W H E I S N O T H E R E
N H R E L E L T H I R D D A Y D
E H E W C A D C R U C I F I E D
S E M O G A W E Y I A R N E B R
I I E B A S F R N J A R F A O I
R S M D E M O R N I N G F K D H
L N B E E E O U D B N O M A Y T
A O K E N M M S E P U L C H R E
S T S O L L J E R U S A L E M S
U H T U I E H R E M E M B E R U
R S A L L O R R E S U R R E C T
E L E K A G N O M A F A C E W I
J M D F G C R O L L E D E S I R
```

The Resurrection (page 136)

```
D C A S T O U T D E V I L S S J O
R E S I D U E X R I S E N Q W Q J
Z D H O C E V T C W B V E X E F D
Y E R T S R A S A S O K J N E W E
E Z T E O T A D E L B M E R T C D
R I E N C L N K L Y B L X J S M I
H T E N I O C E O Y A H H A P E A
C P L Y B O V U P D U K C W I A R
L A I D M Y N E G R E R H A C T B
U B L P E G G A R M E I M E E O P
P G A I V M V E N O T S M Y N S J
E O G A V Y A S S E N D R A H O P
S S N U R E R S G U N B E L I E F
T P O A S D Y A W A S U L L O R Z
U E M M O U R N E D A D R I N K J
J L R T J M G P U Y R T N U O C V
A M A Z E D S E V E N D E V I L S
C H Y N T P C Z E N A Z A R E T H
W F T K K C A F F R I G H T E D D
Z Z S N E W T O N G U E S A L K S
```

The Resurrection and the Life (page 138)

```
F T M N B B E L I E V E T H O M
R O E V O L J S N C S P D D A P
W D N D S I Q E Q E S C L R S R
B O O L A W T B S Z V U Y I N O
C T I R C L S C B U O A C X H P
X E A W I Z E B G R N E V H H E
P E A V G F A N U R E R E M E T S
J A V G L N I R L B S O R U L U R Y
Z T L N I R L B S O R U L U R Y
T H A I C U U S G L T C S G A S
R U S V E S F D A R A H N E M I
O D O I G R H S G R I I E F R S
F U J L W K T P I X P S N R L T
M K R A H I I M S E J F E H W E
O R N R N L A O E J L U N N J R
C A E G E T F W B C H R I S T N
```

Miracles through Paul (page 140)

```
T I R A L E V E R A S I A L O R
C I Y M F A I T M D M I O C L C
A B E L I W V O B I D S G C M H
E D N O W G N R H W E E A N E R
V O L O R G H Y E V T R E H S I
I S E R V A N T O S A L M D S M
S T N R O L G L Y M T N I L E C
I T W O N D E R S R G S V N H
O A C D I V F E O W E I H A G R
R D P A O T L P G E G S B Y F I
R E W O P P A T I E N C E R A S
P O W E S T H L Y B E M G O I T
D C L D P T R L E T S S I L T A
E B E S N O I S I V S C H G H M
N E I T A P W C R B E L I E F O
D H L S E L C A R I M R L Y O N
```

More Miracles (page 142)

```
J N M H D A E R B T H G U A C
E T R E S U R R E C T I O N D
S O O R T Q J L A Z A R U S E
U D A T M R O F R E P K C I S L
S A S M O T H E R G G N T E A
O E E M C L E A N O S A D L E
P D H D L E P E R D C K N C H
R E T H G U A D S S U R I A J
O H M U D E M O N S R E L R E
O T L J F I S H W O E D B I N
F E A P L E H P N N D D E M I
M S C A S T O U T E V I L A W
K I Q T N A V R E S R E V E F
W A L K O N W A T E R B E M S
E R U T A N L O R T N O C I Y
```